ISAIAS HUBER
PREFÁCIO POR ABE HUBER

ALL-IN

O PREÇO PARA VIVER O EVANGELHO

quatro ventos

Todos os direitos deste livro são reservados pela
Editora Quatro Ventos.

Editora Quatro Ventos
Rua Liberato Carvalho Leite, 86
(11) 3230-2378
(11) 3746-9700

Proibida a reprodução por quaisquer meios, salvo em breves citações, com indicação da fonte.

Todas as citações bíblicas e de terceiros foram adaptadas segundo o Acordo Ortográfico da Língua Portuguesa, assinado em 1990, em vigor desde janeiro de 2009.

Editor Responsável: Renan Menezes
Equipe Editorial:
Paula de Luna
Victor Missias
Revisão: Eliane Viza B. Barreto
Diagramação: Vivian de Luna
Coordenação de projeto gráfico:
Big Wave Media
Capa: Bruno Leal

Todas as citações bíblicas foram extraídas da Nova Versão Internacional (NVI), salvo indicação em contrário.

Citações extraídas do site: https://www.bibliaonline.com.br/nvi acesso em abril de 2019.

1ª Edição: Maio 2019

Ficha catalográfica elaborada pela bibliotecária Geyse Maria Almeida Costa de Carvalho
CRB 11/973

Huber, Isaias.

S877a
All-in: o preço para viver o evangelho / Isaias Huber
– São Paulo: Quatro Ventos, 2019
184 p.

ISBN: 978-85-54167-13-4

1. Religião. 2. Ensinamentos Cristãos.
3. Desenvolvimento pessoal.
4. Desenvolvimento espiritual. I. Título.

CDD: 200
CDU: 2-42

SUMÁRIO

DEDICATÓRIA 7
AGRADECIMENTOS 9
PREFÁCIO 11
INTRODUÇÃO 13
CAPÍTULO 1. All-in: tudo em jogo 25
CAPÍTULO 2. O poder de uma mente destemida .. 41
CAPÍTULO 3. Temor dos homens 61
CAPÍTULO 4. Sai pra lá, ansiedade 77
CAPÍTULO 5. Foco na missão 91
CAPÍTULO 6. Ouse sonhar grande 105
CAPÍTULO 7. Escudeiro fiel 131
CAPÍTULO 8. O fogo dos 300 155
CONSIDERAÇÕES FINAIS 175

DEDICATÓRIA

Dedico este livro à memória do meu querido pai Lucas Huber, que foi, de longe, a maior inspiração para a minha vida depois de Jesus. Ele literalmente viveu "*all--in*"! Foi completamente obediente, com toda alegria, ao chamado de Deus e permaneceu fiel até o fim.

É com os olhos marejados de lágrimas que escrevo esta dedicatória, pois não passa um dia sequer em que eu não sinta falta de seus conselhos e abraços. Valorizo cada segundo que passamos juntos e cada memória inspiradora que nunca deixarão meus pensamentos.

Sou eternamente grato pelo privilégio de ser o filho amado do Lucas. Um dia estaremos juntos novamente, regozijando nas praias eternas. Mas até que este dia chegue, perseverarei em nossa nobre missão aqui na Terra. Correrei incansavelmente a minha corrida, carregando o bastão passado a mim pelo meu pai.

Como um grande visionário, ele mudou a história do Brasil e do mundo.

AGRADECIMENTOS

Primeiramente, quero agradecer ao Espírito Santo que tanto me amou. Apesar das minhas falhas, sei que Ele continua me amando cada vez mais! Não tenho como não retribuir a Ele e ao corpo de Cristo por tudo o que têm feito por mim.

Agradeço também à minha linda esposa Erin Nicole, que largou conforto, família e amigos nos Estados Unidos para me acompanhar como parceira no Brasil e nas nações. Eu não poderia fazer o que faço hoje se não fosse pelo seu apoio, sua companhia e seu imenso sacrifício. Amo você e te admiro mais que palavras podem descrever.

Agradeço aos meus filhos, Noah, Bella e Keahi! O meu maior desejo é que o meu teto seja o alicerce de vocês, de forma que consigam fazer muito mais pelo Reino de Deus do que eu. Que vocês nunca deixem de perseguir uma vida de intensa intimidade com o Espírito Santo.

Agradeço à maravilhosa família da Paz Church, ao Diflen e à 4 Ventos! Juntos, vamos incendiar o planeta!

PREFÁCIO

Quando Jesus chama os seus discípulos, Ele não está propondo um acordo de negócios ou político. Ele os está chamando para um estilo de vida em que o Seu senhorio é a verdade absoluta e a última palavra. Ele os está convidando para uma aventura que colocará em jogo tudo que têm. Em Lucas 14.33, o Senhor diz: "Assim, pois, todo aquele que dentre vós não renuncia a tudo quanto tem não pode ser meu discípulo". Esse chamado radical ao discipulado é o que inspira cada página desta obra de autoria de Isaías Huber, meu amado sobrinho e filho na fé.

O que mais me impacta sobre este livro não são as palavras, mas a vida por de trás delas. Isaías prega o Evangelho de Cristo com sua vida. Cada fração do seu ser e cada molécula do seu corpo vive para o Rei dos reis. Ele é um exemplo de jovem que vive 100% comprometido com Cristo, colocando-O em primeiro lugar em tudo o que faz, e fazendo de tudo para contribuir para a expansão do Reino de Deus a todo momento. Como líder global do movimento Diflen[1],

---

[1] **DIFLEN** – Discipulando e Formando Líderes Em Nações, do inglês *Discipling and Forming Leaders in Every Nation.*

parte da liderança da Paz Church e pai de uma linda família de missionários, Isaías tem demonstrado que tudo em sua vida gira em torno de Deus e Seus sonhos para a humanidade.

Eu creio de todo o meu coração que você não será mais a mesma pessoa depois de entrar em contato com as histórias e revelações deste precioso livro. Você será verdadeiramente encorajado e capacitado para ir mais fundo em seu amor por Jesus. Deixe o seu coração queimar com esse chamado para ser tão radical ao ponto de poder renunciar tudo que você tem por Cristo.

Em toda a História, nunca estivemos em um momento mais oportuno e emocionante para sermos radicais e apaixonados como Jesus foi aqui na Terra. Milhões de pessoas ao redor do mundo estão aguardando a manifestação de jovens ousados, autênticos e comprometidos com a única causa pela qual vale apostar tudo: o Evangelho.

Abe Huber
Pastor sênior da Paz Church São Paulo
Idealizador da Visão MDA – Modelo de Discipulado Apostólico

INTRODUÇÃO

O Camping World Stadium, antigamente conhecido como Orlando Stadium, é um dos mais tradicionais estádios da cidade de Orlando, nos Estados Unidos. Essa arena esportiva foi inaugurada durante o período de maior crise econômica da História, a crise de 1929. Durante a década de 1920, os Estados Unidos experimentaram um grande crescimento no mercado de ações no país, estimulando os americanos a investirem freneticamente nas bolsas de valores e fazendo-os acreditar que as ações se manteriam sempre em alta. Era comum ver cidadãos vendendo seus bens e propriedades, como casas e automóveis, para comprar ações em busca de um lucro fácil e, teoricamente, seguro.

Porém, em outubro de 1929, o inimaginável aconteceu. Os preços das ações começaram a despencar, provocando a quebra da Bolsa de Valores de Nova York, uma das instituições financeiras mais influentes do mundo. Esse evento deu início a um período de grande depressão econômica, que foi marcado por altas taxas de desemprego, suicídios, quedas drásticas do valor do produto interno bruto, bem como grandes reduções na produção industrial de diversos países no mundo.

Foi nesse contexto de desesperança e escassez financeira que a Flórida, apoiada pelos programas de reforma econômica do governo federal dos Estados Unidos, inaugurou o Orlando Stadium. Esse estádio surgiu como uma luz de esperança e alegria em meio a essa época tão sombria. Ele era um dos grandes projetos de obras públicas que prometia ajudar na restauração econômica do estado da Flórida e, por consequência, dos Estados Unidos. Dentro dele, pessoas poderiam se reunir para deixar de lado, mesmo que por algumas horas, o sentimento de tristeza e desespero promovido pela crise. Ali as famílias poderiam se entreter e celebrar a vida em meio a jogos esportivos e *shows*, gastando pouquíssimo dinheiro.

Ao longo dos anos, o estádio provou ser um projeto tão bem-sucedido que continuou de pé mesmo depois da pior crise econômica da História. Ao longo de décadas, a arena esportiva recebeu diversos investimentos para aumentar sua capacidade de atendimento e recepcionar grandes públicos e espetáculos na cidade. O Orlando Stadium abrigou shows de grandes músicos e bandas, como The Who, Pink Floyd, Rolling Stones, Guns N' Roses e Paul McCartney. O local também serviu de palco para grandes eventos esportivos, como a Copa do Mundo de 1994 e os Jogos Olímpicos de 1996. Atualmente, sob o nome de Camping World Stadium, o estádio é capaz de receber mais de 60 mil pessoas.

Hoje, mais do que nunca, o Camping World Stadium é um símbolo de esperança e celebração não apenas para os americanos, mas para todo o mundo. Digo isso sem o receio de soar exagerado, porque pude testemunhar esse estádio sendo o cenário da primeira edição do maior evento para comissionamento e envio de missionários no mundo, o The Send. No dia 23 de fevereiro de 2019, eu pude ver o Camping World Stadium cheio de dezenas de milhares de jovens de todas as nações do mundo dispostos a entregar cem por cento de suas vidas para Jesus e o chamado missionário.

Basta começar a falar a respeito desse momento épico que eu já começo a sentir um fogo tomar o meu peito. Desde a minha infância, época que cresci vendo meu pai fazendo missões no norte do Brasil, sonhava com o dia em que também me tornaria um missionário e poderia ver estádios cheios de jovens como eu entregando suas vidas para viver pelo Evangelho.

Até hoje, ouso dizer que jamais vi uma cena que me despertasse tanta vontade de viver pela Grande Comissão quanto a imagem de mais de 60 mil jovens se comprometendo a seguir a Jesus e a levar o Evangelho para as nações. Aquilo foi, para mim, uma prova de que o chamado de Cristo pode ser vivido nos dias de hoje. Eu creio que estamos prontos para viver a maior era de evangelismo e missões da História. Tudo depende do quanto estamos dispostos a entregar.

Ao longo de todo aquele dia no Camping World Stadium, em meio a inúmeros momentos poderosos na presença de Deus, com a manifestação de sinais e milagres, fui confrontado pelo Espírito Santo a respeito da mensagem central deste livro: o preço de viver para Cristo.

A salvação vem pela graça, mas existe um preço a ser pago para vivermos por Cristo. A resposta para esse chamado não se trata de apenas repetirmos uma oração de entrega ou declararmos o quão interessados estamos em segui-lO, mas sim de realmente entregarmos nossas vidas por completo, crendo que Jesus é nosso Senhor. A palavra "Senhor" significa dono soberano.

Portanto, quando falo sobre entregar nossas vidas, refiro-me a dar consentimento absoluto para que Jesus seja nosso dono e tenha a palavra final em todas as áreas de nossas vidas: social, espiritual, emocional, conjugal, profissional, ministerial, financeira e familiar. Não se trata de concordarmos ou não com a vontade d'Ele, mas sim de confiarmos incondicionalmente nela, a ponto de abrirmos mão da nossa própria vontade. É sobre morrer para nós mesmos, todos os dias, para que Ele viva em nós.

Por isso, a questão que permeia o convite a entregarmos nossa vida a Cristo e segui-lO nunca foi sobre responder "sim" ou "não", mas sobre escolher entre "tudo" ou "nada". O nosso Deus é um Deus que deu tudo por nós. Ele abriu mão de Sua glória e Sua vida aqui na Terra para nos salvar e ter cada um de nós por completo. Ele é digno de nos exigir tudo, porque Ele nos deu tudo, inclusive a si mesmo, sem reservas.

Logo, se nós não estivermos conscientes do preço que Jesus pagou por nós, jamais estaremos realmente dispostos a dar tudo de nós por Ele. E é sobre isso que este livro trata, uma vida em que apostamos tudo pela recompensa que nos é proposta: o próprio Jesus Cristo.

Durante o The Send, tive a oportunidade de ouvir o evangelista Daniel Kolenda pregando sobre a passagem de Lucas 9.57-62. Nessa mensagem, ele nos falava sobre como muitas pessoas se aproximam de Cristo, aparentemente dispostas a fazer tudo para tê-lO como mestre, porém nem todas têm a consciência do que poderia lhes custar segui-lO.

> Quando andavam pelo caminho, um homem lhe disse: "Eu te seguirei por onde quer que fores". Jesus respondeu: "As raposas têm suas tocas e as aves do céu têm seus ninhos, mas o Filho do homem não tem onde repousar a cabeça". A outro disse: "Siga-me". Mas o homem respondeu: "Senhor, deixa-me ir primeiro sepultar meu pai". Jesus lhe disse: "Deixe que os mortos sepultem os seus próprios mortos; você, porém, vá e proclame o Reino de Deus". Ainda outro disse: "Vou seguir-te, Senhor, mas deixa-me primeiro voltar e me despedir da minha família". Jesus respondeu: "Ninguém que põe a mão no arado e olha para trás é apto para o Reino de Deus". (Lucas 9.57-62)

Nesta passagem do Evangelho de Lucas, encontramos três homens que realmente desejavam dizer "sim" para o chamado de seguir a Cristo, mas ainda não sabiam do que teriam de abrir mão para andar junto ao Mestre.

Na primeira parte desse relato, vemos um homem vindo a Jesus avidamente para compartilhar o seu desejo de segui-lO por onde quer que Ele fosse. Porém, a resposta que Jesus dá ao homem parece ser totalmente fora de contexto. Ele fala sobre raposas e tocas, aves e ninhos. Em nenhum momento, vemos Jesus dizendo se aquela pessoa podia ou não ser Seu discípulo. Sempre que lia essa passagem, ficava confuso, porque não entendia o que aquilo tinha a ver com a vontade daquele homem de seguir Jesus.

Contudo, após estudar um pouco sobre o que era o discipulado nos tempos de Cristo, comecei a entender o que o Mestre queria dizer. A resposta de Jesus não era sobre aquele homem estar "aprovado" ou "reprovado", mas sobre o que ele teria de abrir mão para segui-lO. No caso, não poderia contar nem com os privilégios de um discipulado rabínico tradicional.

Naquela época, discípulo era um seguidor ou aprendiz de um mestre. Não era o mesmo que ser um estudante ou aluno no sentido moderno. Um discípulo se dedicava a ativamente aprender e a imitar as palavras, atos e estilo de vida de seus mestres. E, para isso, precisava passar grande parte do seu tempo junto do seu discipulador. Enquanto o discípulo abria mão de boa parte do tempo de sua vida para servir o seu mestre, este, por sua vez, deveria cuidar de todas as necessidades básicas do discípulo. O discipulador era responsável por dar garantias, como abrigo e alimentação para seu pupilo.

À vista de todo esse contexto, quando Jesus responde àquele homem dizendo que o Filho do homem não tem onde repousar a cabeça como as raposas que têm tocas ou os pássaros que têm ninhos, Ele estava deixando claro que segui-lO implicava abrir mão de todo conforto e segurança que um rabino poderia oferecer. O Mestre estava sendo justo e amoroso ao advertir com transparência as condições do Seu discipulado. Ele também estava deixando claro que não bastava apenas querer segui-lO, também era necessário estar disposto a sofrer com Ele e por Ele. Só assim seria possível partilhar da Sua glória e intimidade, como Paulo ensina em 2 Timóteo 2.11-12:

> [...] Se morremos com ele, com ele também viveremos; se perseveramos, com ele também reinaremos...

Logo depois de responder ao primeiro, Jesus identifica alguém que Lhe chama atenção e faz um convite para esta pessoa: "siga-me". Ela confirma seu desejo de seguir o Mestre, mas antes de aceitar o convite, pede ao Senhor que espere até que ela possa sepultar o pai. Um pedido sensato, não acha? Até o

The Send, eu ouvi essa história por inúmeras vezes. Em todas elas sempre me perguntava: "Por que Jesus foi tão impaciente com aquele homem? Era um pedido extremamente compreensível. Eu teria respondido a mesma coisa se estivesse naquela situação".

Era isso o que eu pensava até que, durante a pregação do Daniel Kolenda, o Espírito Santo me confrontou com uma pergunta: "O que te fez pensar que o pai dele estava morto?". Aquela pergunta me deixou paralisado. Eu nunca tinha parado para olhar por essa perspectiva! A Bíblia nunca disse que o pai daquela pessoa estava morto. Ela apenas diz que ele desejava enterrar o pai antes de deixar tudo para trás. Talvez, a verdade fosse que o pai ainda estivesse muito vivo, bem de saúde e sustentando a casa na qual aquele homem morava. É possível que aquele homem ainda estivesse vivendo debaixo dos cuidados de seu Pai. Ele poderia querer muito seguir Jesus, mas estava apenas esperando um tempo mais conveniente para deixar a segurança de sua casa e responder ao chamado.

Quando meditei sobre isso, a resposta de Jesus deixou de parecer insensível para ser extremamente confrontadora. Para o Mestre, o problema não era o amor que aquele homem tinha pelo seu pai, mas o "deixa-me primeiro...". Essas palavras roubaram o propósito daquela pessoa e têm roubado a vida de muitos. Elas refletem um padrão de pensamento que tem impedido que milhares de jovens vivam a boa, perfeita e agradável vontade de Deus. É o pensamento de que ainda não estamos no tempo certo para deixar tudo para trás.

Muito de nós já sentimos vontade de dizer, ou já dissemos, "deixa-me primeiro...", talvez por acharmos que não estávamos preparados ou porque tínhamos outras prioridades. O Senhor nos convida para segui-lO, mas respondemos que primeiro precisamos nos graduar, arrumar um trabalho e ter estabilidade financeira. O tempo passa, o Senhor volta a nos chamar, e então dizemos a Ele que precisamos nos casar e estabelecer uma família, nosso primeiro ministério. Mais tempo se passa, Jesus aparece novamente e nós pedimos para Ele esperar um pouco mais, porque a prioridade agora é criar os nossos filhos. E assim vamos protelando nossa vida com Cristo e nos colocamos dentro de um ciclo que se estende até o dia que não teremos mais o luxo de dizer "sim" para Ele.

Todos os motivos são sensatos, mas nenhum deles é realmente mais importante do que seguir Jesus, porque Ele é tudo. Pare para pensar por um instante. Talvez existam pessoas no inferno hoje, não porque elas disseram "não" para Cristo, mas porque o Diabo as convenceu de que poderiam dizer "sim" para Deus amanhã. O Inimigo não se importa de você dizer "sim" para Jesus, desde que você não diga hoje. A hora de se entregar por completo é toda vez que Ele te chama. Se Ele te chama agora, você não precisa se preocupar em estar pronto ou não. Tudo que você necessita é a fé de que vale a pena entregar tudo por Ele. Diante do chamado de Cristo, não podemos dar espaço para a procrastinação.

Ao final dessa passagem bíblica, Jesus encontra um terceiro homem que deseja segui-lO, mas que hesita porque colocou o relacionamento com outras pessoas antes do relacionamento com Deus. Acredito que esse homem só não disse sim porque ainda tinha coisas mal resolvidas em casa e achava que precisava solucionar seu passado antes de ter um futuro junto ao Mestre. Mas, para Jesus, o passado dele não importava. Na resposta do Senhor, aprendemos que aqueles que desejam trabalhar para o Reino de Deus não podem se prender ao que está no passado. Porque, se o fizerem, sempre hesitarão diante do convite para um futuro novo por acharem que suas vidas mal resolvidas são um impedimento para seguir a Cristo.

Jesus não se importava se aquele homem estava pronto para o ministério. O que Cristo desejava era uma pessoa cem por cento disponível para viver algo novo a partir daquele momento. Quando o Rei do Universo nos chama, Ele está nos convocando para um futuro que não é limitado pelo nosso passado. Ele nos convida para fazer tudo novo. Eu creio que este é o tipo convite que o Senhor fará a você ao longo deste livro. Um convite para entregar tudo e viver uma vida completamente nova hoje, fora da sua zona de conforto. Assim como Ele fez para aquelas 60 mil pessoas, durante o The Send, Ele fará com você através das próximas páginas.

Se este livro chegou até você, é porque o Senhor assim o quis, para te ensinar o poder que existe em se entregar radicalmente por Cristo. O que você vai fazer a partir deste chamado? Ele é digno de tudo: de toda dor, toda rejeição, todo sacrifício e toda disciplina. Jesus é o mais perfeito, o mais precioso, o mais poderoso e, sem sombra de dúvida, o mais bondoso. Ele é a nossa maior recompensa. E se nós elevarmos o valor de Jesus em nossas vidas, não precisaremos diminuir o preço de viver e morrer por Ele para conseguir segui-lO.

Você está preparado para apostar tudo por Ele, assim como Ele fez por você?

ALL-IN: TUDO EM JOGO

CAPÍTULO 1

O *all-in* é uma das mais populares e perigosas estratégias de aposta usadas no pôquer, jogo de cartas muito praticado ao redor do mundo. Nesse jogo, o vencedor da partida é aquele que tem nas mãos a carta ou o conjunto de cartas de maior valor. O termo "*all--in*" significa, literalmente, "tudo em jogo" e, no pôquer, consiste em apostar todas as suas fichas ou dinheiro em uma determinada jogada para conquistar todo o prêmio da aposta. Declarar *all-in* pode significar encerrar um jogo como vencedor em uma única rodada, ou perder tudo em um piscar de olhos. É um movimento muito radical e audacioso, por isso, é recomendável que um jogador só recorra a essa estratégia quando tiver certeza de que o seu adversário irá desistir do desafio, ou quando o seu conjunto de cartas possuir um valor alto o bastante para lhe passar a confiança de que a vitória é inevitável.

A estratégia de apostar tudo em uma jogada é um caminho sem volta, porque não permite desistência. Se alguém pede *all-in*, não pode mais sair. Desistir não é uma opção para quem entra nesse jogo de tudo ou nada. Os envolvidos na aposta terão de jogar até o momento em que todos os jogadores mostram suas cartas para determinar quem é o único vencedor da partida. É uma jogada ariscada, que exige nervos de aço e muita coragem da parte do jogador. No fim do jogo, o resultado é irreversível, pois o vencedor leva tudo e o perdedor não tem direito a nada, nem mesmo a uma chance de reaver o que perdeu.

Esse foi o tipo de aposta que Deus fez para salvar as nossas vidas e recuperar a autoridade do ser humano sobre a Terra quando enviou Jesus para vencer a morte e o pecado como um homem comum. O Diabo havia feito sua jogada no início da história da humanidade, quando enganou o homem e a mulher no jardim do Éden para que eles perdessem o relacionamento com Deus. A maneira como Deus decidiu reverter esse resultado tão negativo foi incrível: um *all-in* ousado, colocando tudo que tinha de mais precioso em jogo para ganhar tudo e todos!

Como um jogador profissional de pôquer que blefa para fazer com que seus adversários desistam do que têm em mãos, o Diabo enganou Eva e fez com que ela aceitasse a mentira de que o ser humano não era feito à imagem e semelhança de Deus, e que Ele estava escondendo algo dela. Acreditar nisso, em vez de crer na Palavra do Senhor, custou ao Homem tudo: poder, santidade, identidade, propósito, vida eterna e intimidade com Deus. O Diabo apostou no maior blefe da história e conseguiu enganar o Homem. Contudo, não se pode enganar a Deus. A mentira jamais triunfará sobre a verdade. E por saber que Sua vitória era inevitável, o Senhor colocou em jogo o Seu Filho para derrotar Satanás e recuperar tudo o que ele roubou no jardim do Éden. O próprio Deus saiu da Sua zona de conforto e se colocou em uma situação de risco para resgatar a humanidade. Ele enviou Seu amado Filho a este mundo, para que pudesse vencer o pecado, o Diabo e a morte como um homem comum.

Jesus seguiu as regras do jogo e venceu sem mentir ou roubar. Só assim, Deus poderia salvar a humanidade e restabelecer a autoridade do ser humano de forma justa. Era uma vitória certa, mas dependia de uma tarefa nada fácil. Ela exigiu tudo de Jesus. Foi doloroso, sofrido e trabalhoso, mas valeu cada gota de suor, lágrima e sangue derramada. Ao apostar tudo, Ele provou corajosamente, diante dos homens, que era digno de todas as coisas no Céu e na Terra.

O nosso Senhor é um Deus de tudo ou nada. Ele não está interessado em nada menos do que cem por cento do nosso coração e de tudo que sonhou para nós. Por ser um Deus pleno, Ele anseia por ver a plenitude de todos os Seus planos cumprida em nossas vidas. Por isso, o Seu coração se entristece quando decidimos viver muito aquém do que aquilo que Jesus morreu para nos dar: uma vida abundante (João 10.10 – ARA) e com propósito (Salmos 57.2). Nós não fomos criados para apenas sobreviver neste mundo até o dia de irmos para a glória, mas sim para ter plenitude de vida e reinar sobre esta Terra (Apocalipse 5.10). Precisamos compreender que a obra da cruz foi uma aposta radical demais para se limitar apenas à nossa salvação.

Não me leve a mal, mas a salvação não é tudo que o sangue de Jesus conquistou. Ela é só uma parte de tudo que foi adquirido no Calvário. Nós nascemos para viver a realidade do Reino dos Céus neste mundo, neste tempo presente, como filhos de Deus. É nosso destino vivermos de forma "naturalmente sobrenatural", gerar famílias extraordinárias, construir sociedades justas e alegres, criar novas tecnologias e expressões de arte, produzir riquezas para abençoar nações e adorar a Deus em tudo que somos e fazemos.

Para compreendermos melhor tudo que foi conquistado no Calvário, precisamos entender o que foi a obra da cruz. Neste primeiro capítulo, quero te ajudar a ter mais clareza sobre o quão radical foi a entrega do Filho de Deus por nós. Minha intenção não é ser dramático, acadêmico ou metafórico sobre o que eu acho que Jesus pode ter passado na cruz. Serei transparente e verdadeiro acerca do sofrimento e da humilhação que Ele suportou por nós, a fim de contribuir para que você tenha uma maior revelação sobre o preço que foi pago e, por consequência, entenda o quão valiosos nós somos para Deus. Esta é a mensagem mais importante deste livro. Nada do que você lerá nos próximos capítulos será plenamente aproveitado, se você não abrir seu coração e sua mente para a revelação mais poderosa do universo: a mensagem da cruz de Cristo.

Em todos os meus anos como missionário e pastor, tive a oportunidade de viajar o mundo pregando o Evangelho para milhares de pessoas de diferentes povos e culturas. Se há uma coisa que eu aprendi, e jamais vou esquecer, é que ninguém é capaz de resistir à mensagem da cruz uma vez que se abre para ela. É tão forte e gloriosa que é capaz de dar vida a quem está morto, figurativamente e literalmente. Ela tem o poder de injetar vida em nossos ossos, destruir nossas prisões e devolver nossas identidades. É o que dá sentido a cada batida do nosso coração e nos transforma radicalmente, de dentro para fora. Ela é a centelha de paixão que coloca o nosso coração em chamas e traz razão à loucura de correr na contramão do mundo por amor a Jesus. Ela é tudo que precisamos para mudar a nós mesmos e a sociedade. Por isso, abra seu coração para compreender o evento que dividiu a história da humanidade.

A mensagem da cruz de Cristo é para todo mundo, mas isso não quer dizer que todos estão preparado para ouvi-la. Por mais que tenhamos crescido assistindo a inúmeras adaptações cinematográficas e animações sobre a crucificação de Jesus, é necessário dizer que tal acontecimento jamais seria algo a ser mostrado na íntegra na TV aberta ou privada. Primeiramente, porque se tratava da execução de um "criminoso". Em segundo lugar, porque dizia respeito a uma morte extremamente cruel e brutal. Não é o tipo de evento ao qual organizaríamos caravanas para ir assistir ou que transmitiríamos via *livestream* em nossas mídias sociais. Ouso dizer que só o fato de compartilharmos as cenas da morte de Jesus em nossas redes sociais seria o suficiente para escandalizar muitas pessoas do nosso círculo e gerar discussões acaloradas.

O momento da morte do Salvador do Universo é descrito pela História como algo tão desagradável, violento e cruel, que podemos dizer que pouquíssimos de nós conseguiria permanecer diante d'Ele enquanto o Senhor morria por nós. No dia de Sua morte, ninguém em sã consciência olharia para a figura de Jesus e diria: "Eu seguiria este homem!" ou "Este é o meu Rei!". Dificilmente, alguém em seu pleno juízo admiraria ou se identificaria com um prisioneiro desfigurado, seminu, coberto de hematomas, cortes, sangue e cuspe. Assim como o profeta Isaías escreveu, Ele foi desprezado e rejeitado pelos homens (Isaías 53.3).

> Assim como houve muitos que ficaram pasmados diante dele; sua aparência estava tão desfigurada, que ele se tornou irreconhecível como homem; não parecia um ser humano...
> (Isaías 52.14)

> Ele não tinha qualquer beleza ou majestade que nos atraísse, nada em sua aparência para que o desejássemos. Foi desprezado e rejeitado pelos homens, um homem de tristeza e familiarizado com o sofrimento. Como alguém de quem os homens escondem o rosto, foi desprezado, e nós não o tínhamos em estima. (Isaías 53.2b-3)

É por tal motivo que digo que é um milagre quando um pecador recebe a mensagem da cruz e decide entregar sua vida a Cristo. Ninguém que olhasse para Jesus ensanguentado e crucificado, de aparência desfigurada e irreconhecível, O aceitaria como Senhor, a menos que tenha sido sobrenaturalmente convencido pelo Espírito Santo. Nenhum sermão, canção, estudo, vídeo, turnê, conferência ou programa de igreja é capaz de convencer um pecador a se arrepender verdadeiramente. Aceitar Jesus como nosso Senhor, deixar tudo para trás e segui-lO é a decisão mais radicalmente louca que podemos tomar. Apenas o Espírito Santo é capaz de nos levar a ela, para que ninguém se glorie.

> Mas eu lhes afirmo que é para o bem de vocês que eu vou. Se eu não for, o Conselheiro não virá para vocês; mas se eu for, eu o enviarei. Quando ele vier, convencerá o mundo do pecado, da justiça e do juízo. (João 16.7-8)

Jesus foi açoitado antes de seguir para a cruz. O instrumento de tortura utilizado para afligi-lO era composto por um pequeno cabo de madeira, no qual era preso um chicote feito com um combinado de tiras de couro. Em suas pontas, eram colocados ganchos de metal. Esse tipo de castigo era tão violento e pesado que não era raro ver condenados morrerem em decorrência dos ferimentos causados pelos açoites[1]. A vítima ficava despida e encurvada, enquanto dois homens, um de cada lado, aplicavam o castigo. Com a violência do impacto, o cordão de couro criava profundos hematomas e cortes, enquanto as pontas de ossos e os ganchos de metal cravavam e rasgavam a pele. A carne do açoitado ficava tão dilacerada que veias, ossos e até órgãos internos ficavam expostos entre os profundos ferimentos. O açoite que Jesus sofreu foi tão violento que a Bíblia diz, no capítulo 22 do livro de Salmos, versículo 17, que era possível ver e contar os Seus ossos.

Depois de Jesus ter sido injuriado pelo povo e torturado, os soldados romanos se reuniram em torno d'Ele para se divertirem às suas custas. Eles queriam zombar do "Rei dos Judeus". Primeiramente, O despiram e depois O vestiram com um manto de púrpura, para que Ele se assemelhasse a um rei. Além disso, providenciaram uma coroa de espinhos e colocaram-na sobre a cabeça Jesus. Mas seu propósito ia além de escarnecer o Senhor, pois esse instrumento causava feridas ainda piores e sangramentos em sua cabeça. A intenção era machucá-lo ainda mais.

---

[1] FILHO, Antonio Romero. **A crueldade do flagelo romano**. Disponível em *bit.ly/2IyIOQ5* Acesso em: 11 abr. 2019.

Além da coroa, os soldados deram-no um caniço como cetro, e começaram a simular uma reverência diante d'Ele. Eles O saudavam dizendo: "Salve, rei dos judeus!" (Mateus 27.29). Como se não bastasse tudo isso, eles conseguiram levar aquela injúria até o seu limite mais baixo e degradante, ao cuspir em Jesus e golpeá-lo na cabeça enquanto o insultavam. Por fim, mais uma vez, eles O despiram, vestiram-nO com sua roupa e O levaram para ser crucificado.

Depois de ter sido açoitado e maltratado, Jesus foi conduzido ao local em que seria executado: uma colina fora da cidade, que se assemelhava a um crânio e, por isso, era chamada de Gólgota ou Calvário, que significa "caveira" em aramaico e latim. Hoje, nós a conhecemos como o lugar em que o Salvador da humanidade morreu, porém as pessoas daquela época não o viam sob essa perspectiva. Esse local não tinha nenhuma relevância histórica ou espiritual para os judeus ou romanos. Era apenas onde se executavam criminosos.

Uma vez sentenciado, o Mestre foi obrigado a carregar sua própria cruz até o Calvário, utilizando a principal via da cidade. Nesse trajeto, Ele foi exposto a milhares de pessoas que estavam em Jerusalém por conta da Festa da Páscoa. Acredita-se que, na maioria das vezes, os condenados carregavam pelo menos a trave horizontal da cruz. O peso dessa viga de madeira variava entre treze e dezoito quilos. Já a viga vertical ficava preparada no próprio local da crucificação.

No entanto, os estudiosos indicam que havia casos em que a cruz inteira era carregada pelo condenado[2]. Seja como for, Jesus carregou Sua própria cruz (João 19.16-17). Porém, por causa das limitações de Seu corpo completamente debilitado àquela altura, Ele não conseguiu carregá-la por muito tempo. Quando chegou à exaustão física, os legionários obrigaram um homem chamado Simão, de Cirene, a carregar a cruz de Jesus pelo caminho restante (Marcos 15.21).

A morte por crucificação era lenta e terrivelmente agonizante. As mãos ou os pulsos eram pregados na madeira com grandes cravos de metal, e depois amarrados em torno da viga para aumentar a sustentação. Os pés, apoiados numa pequena tábua, também recebiam grandes pregos que os transpassavam na altura dos calcanhares. Esses ferimentos causavam na vítima sangramento e dor excruciante. Por causa da posição em que a pessoa era crucificada e a debilidade de seu corpo, a força da gravidade dificultava muito a respiração. Isto causava movimentos involuntários das pernas, que tentavam suportar o corpo. Mas, por causa dos calcanhares presos, tais movimentos tornavam-se absurdamente dolorosos. Além disso, a vítima sofria uma dor de cabeça muito forte e uma sede extrema. Todo esse processo continuava até que o corpo alcançasse a total exaustão. Por isso, a

---

[2] CONEGERO, Daniel. **A Crucificação de Jesus: o que aconteceu com Jesus na Cruz?** Estilo Adoração. Disponível em *https://estiloadoracao.com/crucificacao-de-jesus-na-cruz/*. Acesso em: 11 abr. 2019.

morte poderia demorar dias, e geralmente ocorria por asfixia. Em muitos casos, as pernas dos condenados eram quebradas para acelerar o processo. Como as pernas não poderiam mais sustentar o tronco, dessa forma, a asfixia ocorria mais rapidamente.

Jesus foi crucificado às nove horas da manhã e morreu por volta das três da tarde. Durante suas últimas agonizantes horas de vida, os discípulos, que tinham feito inúmeras promessas de permanecerem fiéis em qualquer circunstância, apenas observavam de longe o seu Mestre ser lentamente assassinado. Eles estavam convencidos de que tudo tinha acabado. Não havia mais nada a se fazer. A Palavra de Deus nos diz que aqueles que O conheciam se mantiveram à distância e só assistiram, porque temiam chegar perto demais e ter o mesmo destino de Jesus, por serem Seus seguidores (Lucas 23.49). Eles não estavam dispostos a partilhar do mesmo sofrimento que o Mestre.

Jesus foi torturado, humilhado, rejeitado e abandonado pelas pessoas que Ele veio salvar. O Senhor estava sozinho. Naquele momento, não apareceram heróis da fé para dizer que continuariam o Seu legado mesmo depois da Sua morte. Não havia ninguém O adorando de forma extravagante, derramando perfume sobre Ele ou lavando Seus pés. Não existia nada além de silêncio por parte de Seus aliados e insultos por parte de Seus acusadores. A Bíblia destaca que, naquele momento, os insultos contra Jesus não cessavam. As pessoas questionavam Sua identidade e Seu poder, repetindo as mesmas palavras que Satanás dissera ao Senhor durante os 40 dias que passou no deserto: "Se você é o Filho de Deus..." (Mateus 4.1-11).

> Os que passavam lançavam-lhe insultos, balançando a cabeça e dizendo: "Você que destrói o templo e o reedifica em três dias, salve-se! Desça da cruz, se é Filho de Deus!" Da mesma forma, os chefes dos sacerdotes, os mestres da lei e os líderes religiosos zombavam dele, dizendo: "Salvou os outros, mas não é capaz de salvar a si mesmo! E é o rei de Israel! Desça agora da cruz, e creremos nele. Ele confiou em Deus. Que Deus o salve agora, se dele tem compaixão, pois disse: 'Sou o Filho de Deus!'" (Mateus 27.39-43)

Seus acusadores fizeram questão de dizer às pessoas que Jesus era uma fraude, porque Ele não atendia a expectativa do que se imaginava ser o Messias ou o Filho de Deus. O que o mundo tentou fazer com Jesus ao longo de sua trajetória na Terra foi persuadi--lO de que Ele não poderia ser o Filho de Deus (João 5.17-18). Quando essa estratégia não funcionou, tentaram convencê-lO de como um filho de Deus deveria se comportar, e do quanto Ele estava aquém disso (Mateus 27.40). Mas o nosso Senhor continuou seguro de Sua identidade e propósito.

Diante de tudo isso, a única coisa que Cristo disse, mais improvável e poderosa que um homem inocente poderia dizer a Deus sobre os agressores que lhe geraram tanta dor, tristeza, sofrimento, humilhação e rejeição, foi: "Pai, perdoa-lhes, pois não sabem o que estão fazendo..." (Lucas 23.34). Jesus verbalizou o Seu profundo desejo de perdoar a humanidade, mesmo estando no direito de condená-la.

Depois de tudo, na Sua última hora de vida, o Senhor proferiu as duas palavras que mudaram o destino da humanidade para toda a eternidade: *Está consumado*! Ele anunciou que a Sua missão estava completa. Então, entregou o Seu Espírito, finalmente morrendo como o único homem que venceu o pecado e o Diabo. Isso lhe conferiu todo poder e autoridade, no Céu e na Terra, para derrotar a morte e ressuscitar. Através de uma entrega radical, o Senhor venceu a maior aposta da História, provando que um homem poderia derrotar o pecado, o Diabo e a morte.

Jesus legitimamente nos conquistou e devolveu tudo que nos foi roubado no Éden. O mais extraordinário de tudo isso é que Ele não fez isso porque poderíamos lhe dar algo em troca ou porque serviríamos como um investimento para a expansão do Seu Reino na Terra. Fez isso porque simplesmente nos desejava incondicionalmente. Cristo apostou tudo, porque nos ama com um amor que é mais forte do que a morte.

Esta é a mensagem que eu desejo passar com este capítulo. O amor de Deus por nós é incondicional e infinito. Ele é capaz de vencer todo medo, insegurança, ansiedade, mentira e incredulidade, porque Ele não enxerga limites. Jesus é tudo que queremos e precisamos. Por isso, o Senhor é digno de tudo incondicionalmente.

Muitos de nós aceitamos o convite para seguir Jesus de forma condicional. Nós é que colocamos os limites no que Ele pode fazer. Talvez, porque estejamos à procura de proteção, perdão, poder, fama, bênçãos ou uma experiência sobrenatural. E não existe problema em querermos essas coisas. Contudo, jamais saberemos o que é amar incondicionalmente se não nos entregarmos a Cristo de maneira incondicional, como Ele se entregou por nós.

Por isso, eu gostaria de te desafiar, logo neste primeiro capítulo, a fazer uma oração ousada. Se você sentiu o Espírito Santo acendendo uma centelha em seu coração para viver uma vida de tudo ou nada por Jesus, convido você a entregar sua vida a Cristo de maneira incondicional. Ao final deste capítulo, há uma oração que você pode repetir para confirmar este compromisso. São declarações perigosas, portanto recomendo que leia com atenção antes de fazê-las, pois a sua vida começará a mudar radicalmente.

Eu não posso te garantir que, ao fazer essa oração, você automaticamente se tornará uma voz profética para nações e gerações. Não posso te assegurar de que o seu compromisso se converterá em muitos dons espirituais, fama ou um ministério multimilionário. O que eu posso te prometer é que, ao dizer "sim" para

Jesus incondicionalmente, você estará declarando aos Céus que deseja viver radicalmente por Ele, mesmo que isso implique morrer como Ele, experimentando o desconforto, a dor, a rejeição ou a humilhação de carregar uma cruz.

A vida de um cristão é uma vida de entrega radical. Amar a Deus acima de todas as coisas e ao próximo como a nós mesmos não é confortável, fácil ou bonitinho. É trabalhoso, doloroso e, muitas vezes, irracional. Porém, a recompensa que nos é proposta vale cada gota de suor, lágrima e sangue. Jesus é a nossa recompensa.

Se você deseja entregar a sua vida incondicionalmente para Deus e viver por Cristo, repita esta oração em voz alta, crendo com seu coração:

Senhor Jesus, muito obrigado por colocar tudo em jogo por mim! Eu reconheço que o Senhor é o único Rei e Salvador em minha vida. Hoje, desejo afirmar a minha aliança e compromisso contigo de forma incondicional. O "sim" que eu te dou hoje ecoará por todos os meus dias através do meu testemunho. Creio que o Senhor não foi para a cruz para evitar que eu morresse, mas para mostrar como devo entregar a minha vida por aquilo que o Senhor ama. Peço que coloque um fogo em meu coração para amar não apenas o Senhor, mas ao próximo de forma incondicional. Aumente a minha coragem e a minha fé para abrir mão da minha vida, se necessário. Eu quero viver a Grande Comissão e o Grande Mandamento ainda que isso me custe tudo. Em nome de Jesus. Amém!

O PODER DE UMA MENTE DESTEMIDA

CAPÍTULO 2

Servir a Cristo é a maior aventura que podemos viver! A partir do momento em que aceitamos esse convite para viver uma vida de tudo ou nada, iniciamos um processo radical de transformação na maneira como pensamos. Quando começamos a andar com Jesus, passamos a entender que o Senhor não morreu para que a nossa vida se resumisse a simplesmente ir para a igreja aos domingos, trabalhar, ter uma boa família e dar exemplo de boa cidadania. Deus está interessado em ver nossas vidas transformadas, porque o seu propósito para nós é muito maior do que nos livrar do pecado e da condenação do inferno. Ele deseja que a gente viva o Céu aqui na Terra hoje. Em outras palavras, Jesus veio ao nosso mundo para que pudéssemos ter salvação e propósito para viver.

Para descobrirmos o propósito d'Ele em nossas vidas, é necessário que se desperte um senso de urgência em nós. Não podemos aceitar passar todos os nossos dias aqui na Terra sem andar plenamente na boa, perfeita e agradável vontade do Senhor. Nós já temos a salvação. Agora precisamos dar passos para dentro da nossa "Terra Prometida". E o segredo para descobrirmos o que Ele deseja para as nossas vidas está em transformarmos radicalmente a forma como pensamos e compreendemos o mundo. Ou como o apóstolo Paulo diz em sua carta aos romanos: precisamos ser transformados pela renovação da nossa mente.

> E não vos conformeis com este século, mas transformai--vos pela renovação da vossa mente, para que experimenteis qual seja a boa, agradável e perfeita vontade de Deus. (Romanos 12.2 – ARA)

Este versículo é um dos pilares do cristianismo, porque traz uma das principais revelações para começarmos a compreender e viver a vontade de Deus: a renovação da nossa mente. Esse processo é chamado na Bíblia de *metanoia*, palavra grega usada para se referir a uma profunda mudança de mentalidade e comportamento, motivada por um arrependimento genuíno. A palavra "experimenteis", utilizada por Paulo neste versículo, tem sua origem no termo grego *ginóskó*, que não significa simplesmente tomar conhecimento sobre algo por meio de provas, mas literalmente vivenciar uma experiência de forma plena. O que o apóstolo está falando é que precisamos renovar os nossos padrões de pensamento para que tenhamos uma melhor compreensão de qual conduta devemos adotar para vivermos a boa, perfeita e agradável vontade de Deus.

Obviamente, nós temos conhecimento de que, uma vez em Cristo, devemos abandonar as práticas e pensamentos pecaminosos relacionados a imoralidade sexual, violência, inveja, preguiça ou ganância. No entanto, *metanoia* não consiste em buscar a transformação por meio da capacidade do Homem de fazer o que é certo, ou no merecimento de alguns que conseguem evitar "a aparência do mal". A transformação da mente consiste no confronto de padrões de pensamento tóxicos, utilizados pelo Diabo para minar a nossa confiança em Deus e a nossa compreensão acerca da nossa identidade em Cristo. Esse confronto ocorre quando comparamos o que o mundo diz estar correto com a verdade da Palavra de Deus. A partir desse embate, conseguimos transformar o nosso padrão de raciocínio e comportamento.

A começar deste capítulo, vamos falar sobre os principais padrões de pensamento que o Diabo utiliza para nos confundir e nos fazer duvidar da nossa identidade como filhos de Deus, assim como Ele fez com Jesus Cristo no deserto (Mateus 4.1-11). Se você permitir, o Espírito Santo te acompanhará ao longo de toda esta leitura para te ajudar a compreender quais são os ajustes que precisam ser feitos em sua mente, para que você possa andar plenamente na vontade do Senhor.

    Posso afirmar a você que este processo não é algo fácil. Não é um evento, mas um estilo de vida. Renovar nossa mente exige tanto compromisso e disciplina quanto escovar os dentes todos os dias. Assim como precisamos realizar essa prática higiênica várias vezes ao dia, existirão momentos em que sentiremos a necessidade de confrontar a forma como pensamos mais de uma vez em menos de 24 horas. E se não o fizermos, nossa mente começará a acumular pensamentos sujos e nocivos para nossa saúde mental, física, emocional e espiritual, igualmente a um dente sujo e cariado.

    Renovar a mente implica repensar crenças, opiniões, sentimentos e atitudes que, aparentemente, julgamos estarem certos, mas que, na realidade, são muito prejudiciais para nós. Muitas vezes, durante esse processo, nos encontraremos descobrindo falhas em nosso caráter. Ninguém gosta de perceber que está falhando em algo. Isso gera em nosso coração uma sensação de fracasso e frustração. Confronta nossa identidade. Rever a forma como estamos agindo, pensado e nos expressando é extremamente desconfortável. Contudo, também é, sem dúvidas, essencial para que venhamos a ser transformados. Só assim nos colocamos na posição certa para crescermos em sabedoria e fé.

Dito isso, gostaria de incentivar você novamente a dar espaço ao Espírito Santo para confrontá-lo no primeiro padrão de pensamento que nos impede de conhecer e viver a boa, perfeita e agradável vontade de Deus: o medo.

O medo é um estado emocional que surge em resposta ao reconhecimento de uma situação que sugere perigo a nossas vidas[1]. Normalmente, para que ele se manifeste, é necessário que tenhamos um estímulo que nos intimide, provocando terror em nós. O medo pode se desencadear a partir de um simples pensamento que suscita a possibilidade de estarmos prestes a experimentar perda, castigo, dor ou morte. Quando entramos nesse estado, nossos corpos e mentes se preparam para reagir de duas maneiras apenas: fugir ou lutar.

Quando estamos face a face com algo que gera medo em nós, só conseguimos pensar em desistir e fugir ou em tomar coragem e lutar contra o que nos oprime. Porém, não adianta fugir do medo, porque ele nos perseguirá até a nossa morte ou até tomarmos a decisão de enfrentá-lo. Digo isso por experiência própria. Eu mesmo fui alguém que passou grande parte da vida fugindo do medo, até o dia em que decidi lutar pela vida que Jesus se sacrificou para salvar. Eu sei o que é ser oprimido pelo medo. Viver debaixo de

---

[1] **Significado de medo**. Significados. Disponível em: *https://www.significados.com.br/medo/*. Acesso em: 15 abr. 2019.

uma mentalidade de medo é perigosíssimo, porque esse sentimento sempre vai gerar em nós dúvidas sobre quem nós somos e sobre quem o Senhor é em nossas vidas. Foi isso que experimentei aos 10 anos, quando eu perdi o meu melhor amigo e herói, o meu pai.

Posso dizer que o dia da morte do meu pai foi, sem exagero ou sombra de dúvidas, o dia de maior tristeza, dor e desespero da minha vida. Meu pai, Lucas Huber, era um missionário norte-americano que veio ao Brasil com minha mãe e meus irmãos para cumprir um sonho que Deus colocou em seu coração: levar o Evangelho para o Amazonas. Ele era um grande visionário apaixonado pelas almas perdidas no norte das terras brasileiras. Ele era um *go-getter*, um termo americano que usamos para descrever uma pessoa dinâmica, decidida, empreendedora e que faz de tudo para obter sucesso. Um *go-getter* geralmente empreende todos os seus esforços e recursos para alcançar seus objetivos, estando sempre em busca de novos desafios.

Meu pai era um visionário que ousava sonhar sonhos dignos do nosso Deus. Para ele, não bastava fazer missões evangelísticas e apenas pregar o Evangelho para as populações ribeirinhas da Amazônia. Tudo isso era incrivelmente lindo, mas ele sabia que Deus tinha mais para aquele povo e para o Brasil. Ele sentia que Deus queria estabelecer o Reino de Deus na nação brasileira, e que o norte do país era um lugar que carecia de igrejas e comunidades cristãs. Diante disso, ele decidiu atravessar a Transamazônica com toda nossa família, para fazermos da cidade de Santarém, no Pará, a nossa nova casa, e então começarmos um grande movimento de implantação de igrejas. Após várias viagens de pesquisas pelos ribeirinhos amazônicos, identificando milhares de comunidades sem nenhuma igreja, meu pai colocou como objetivo implantar 100 mil igrejas nos arredores do Rio Amazonas. Essa missão, chamada de "Missão Paz", foi o início do que hoje é a Paz Church.

Meu pai não tinha uma grande visão apenas para os sonhos de Deus para o Brasil, ele também era um visionário em nossa casa. Sempre buscou sabedoria para nos educar nos caminhos do Senhor, nos ajudando a entender a vontade de Deus para as nossas vidas. Ele constantemente me dizia: "Isaias, viver para Cristo é um privilégio! É uma verdadeira aventura que exige de nós tudo o que somos. Essa é a maior e mais incrível aventura que você poderá viver em toda sua vida. Ela é maior do que tudo que podemos pedir ou imaginar!". Eu ouvi isso tantas vezes que acabei acreditando e entregando a minha vida para Jesus!

Eu queria ser como meu pai e viver essa grande aventura com ele. Tudo que o via fazer, queria fazer igual. Para onde ele ia, eu ia junto. Ficava colado nele feito sombra. Sempre que ele pegava o seu ultraleve, um pequeno avião para voos de baixa altitude, para sobrevoar o Rio Amazonas e supervisionar as obras das igrejas, eu ia junto como "copiloto". Durante os voos, nós conversávamos sobre os sonhos de Deus e cantávamos hinos usando os interfones dos nossos capacetes. Eu creio que todo esse estilo de vida contribuiu para despertar em mim o sonho de ser um missionário como ele foi. Eu não conseguia sonhar com um futuro em que eu servia Jesus sem ter o meu pai comigo. E foi por isso que o meu mundo desabou quando recebi a notícia de que ele tinha falecido em um acidente durante um dos voos em que não pude acompanhá-lo.

Nunca senti tanto medo como naquele dia. Eu não conseguia acreditar que meu pai tinha morrido. Senti como se alguém tivesse vindo e roubado de mim a pessoa mais importante de toda minha vida, junto com a minha identidade e o meu futuro. Pessoas tentavam me consolar, mas ninguém conseguia. Eu até pensei em me matar, porque não queria viver sem meu pai. Tudo que eu queria era que ele voltasse ou que aquela dor acabasse.

Dias e meses se passaram. Sem perceber, comecei a parar de comer direito e a me afastar das pessoas, porque tudo e todos me lembravam do meu pai. Até o meu nome me lembrava dele, Isaias *Lucas* Huber. Comecei a ter uma grande crise de identidade que nutria um profundo medo de viver a aventura que meu pai queria que eu vivesse. Eu me lembro de passar dias e dias tentando entender o porquê de tudo aquilo.

Estava tudo correndo tão bem, mas desde sua trágica morte, tudo tinha ficado confuso. Sentia-me inseguro e abandonado pelo meu pai terreno e meu Pai celestial. Perguntava a mim mesmo e a Deus, todas as noites antes de dormir: "Por que meu Pai voava, se ele sabia que era perigoso? Por que o Senhor permitiu isso? Por que o Senhor não me levou junto?".

Vivi essa rotina melancólica e depressiva por alguns meses, até que, durante uma noite, enquanto orava, decidi que ia abrir mão de querer entender tudo. Decidi que ia dar uma chance para Deus me curar do meu medo de viver para Ele. Fiz uma oração de tudo ou nada e disse para Jesus que, mesmo sendo muito difícil, eu escolhia acreditar que Ele era um Pai amoroso. Eu escolhia crer que Ele não me abandonaria e que sempre teria o melhor para mim. Disse que topava o que quer que Ele tivesse para mim, independentemente de tudo. Eu queria ser tão usado por Ele quanto meu pai havia sido. Naquele momento, eu estava ajoelhado chorando.

De repente, sobrenaturalmente, comecei a sentir como se meu corpo estivesse sendo envolvido por um grande e forte abraço de Pai. Eu senti Deus Pai chorando comigo, no meu quarto, ao mesmo tempo em que se compadecia da minha dor. Ali a minha fé no Senhor foi restaurada, porque vi que Ele não estava me abandonando na minha agonia. Assim como Ele não abandonou Jesus no jardim do Getsêmani.

> Como de costume, Jesus foi para o monte das Oliveiras, e os seus discípulos o seguiram. Chegando ao lugar, ele lhes disse: "Orem para que vocês não caiam em tentação". Ele se afastou deles a uma pequena distância, ajoelhou-se e começou a

orar: "Pai, se queres, afasta de mim este cálice; contudo, não seja feita a minha vontade, mas a tua". Apareceu-lhe então um anjo do céu que o fortalecia. Estando angustiado **(medo)**, ele orou ainda mais intensamente; e o seu suor era como gotas de sangue que caíam no chão. (Lucas 22.39-44 – acréscimo do autor)

Eu não sei se você sabia disso, mas Jesus teve medo. Isso foi um consolo para mim. A realidade é que Jesus, o homem mais destemido e corajoso que já caminhou sobre esta Terra, também sentiu medo. Talvez isso sirva de consolo para você como serviu para mim, quando eu comecei a pensar: "Por que o Senhor sentiu medo?".

Se você ler os Evangelhos, do início do nascimento de Jesus até a sua ascensão como o Cristo prometido, você verá que, em diversos momentos da Sua trajetória como homem, Ele teve muitas oportunidades de sentir medo. Não foram poucas as vezes em que tentaram matá-lO. Antes mesmo que pudesse falar, Ele já era perseguido pela morte. Mas é interessante que Ele não se entregou ao pavor até a madrugada que antecedeu o dia de Sua morte. Creio que nesse dia, o Senhor experimentou uma agonia tão intensa no Jardim do Getsêmani que isso se refletiu em seu físico. O medo que Jesus sentiu era tão extremo que fez com que Ele suasse sangue.

Esse fenômeno é uma condição raríssima chamada pela medicina de hematidrose. Ela ocorre quando o nível de adrenalina de uma pessoa é aumentado em 20 vezes em relação ao normal, a ponto de as suas veias capilares se romperem debaixo das suas glândulas sudoríparas e o seu sangue passar a se misturar com o suor, sendo expelido do corpo por conta de tanta agonia[2]. O evangelista Lucas, como um médico, cita esse fenômeno em seu evangelho para descrever o tipo pavor que Jesus passou horas antes de ser preso e condenado à morte: o medo de morrer e ficar separado do Pai, mesmo que apenas por um momento. Como homem, Jesus compartilhou disso que eu e você sentimos nos momentos de maior opressão: medo.

Jesus tem compaixão pelas minhas fraquezas, porque Ele já sentiu medo como cada um de nós. Você pode achar que não existe ninguém no Universo que seja capaz de se identificar com a tentação ou o medo que você está passando, mas isso é uma mentira do Diabo. Você não está sozinho, pois, como está registrado em Hebreus, Jesus é aquele que passou por tudo e venceu tudo.

> [...] pois não temos um sumo sacerdote que não possa compadecer-se das nossas fraquezas, mas sim alguém que, como nós, passou por todo tipo de tentação, porém, sem pecado. (Hebreus 4.15)

A Bíblia diz que Jesus passou por todo tipo de tentação que você possa imaginar. Deus foi

---

[2] **Médicos desvendam mistério de jovem dominicana que chora sangue.** ORM. Disponível em: *http://bit.ly/2ZcEPyw*. Acesso em: 11 abr. 2019.

extremamente corajoso ao limitar Sua divindade para entrar em nosso mundo como uma pessoa de carne e osso, igual a nós. Tornou-se alguém que sangrou, suou, chorou e dobrou os joelhos para falar com Deus. Ele era Deus, mas, mesmo assim, escolheu passar por tudo que um homem poderia passar para sair vitorioso e com autoridade sobre tudo. Operou todos os milagres como homem. Foi até a cruz como homem. Ele morreu e ressuscitou como homem. Quando retornou do mundo dos mortos, não voltou como espírito, mas como um ser humano, de carne e osso.

Por que é tão importante entendermos isso? Porque a revelação da humanidade de Cristo remove qualquer desculpa na qual podemos nos escorar para não viver a boa, perfeita e agradável vontade de Deus. Ele realizou todos os grandes atos, incluindo curas e ressurreições, multiplicação de peixes, libertações, e todo tipo de sinais e maravilhas que se encontram na Bíblia, enfrentou a dor e a humilhação da cruz sendo cem por cento humano. Esse é o sumo-sacerdote que já venceu todos os medos que você enfrentou, enfrenta e enfrentará. Porque Ele pode se identificar com a nossa dor, nós podemos viver a revelação de Hebreus 4.16:

> Assim sendo, aproximemo-nos do trono da graça com toda a confiança, a fim de recebermos misericórdia e encontrarmos graça que nos ajude no momento da necessidade.

No trono de Deus, você encontra a graça, a recompensa e o poder que você não merece. Nesse mesmo lugar, você também encontra a misericórdia e o perdão da punição que você merece. Diante disso, qual é sua ideia de Deus? Quem é Deus Pai para você? A revelação sobre quem Ele é para nós é a coisa mais importante do nosso cristianismo. Se a nossa ideia de Deus é que Ele é um Pai bondoso, que tem prazer em nossa existência e que nos ama com um amor incondicional, quando passarmos por situações de grande pavor, como o que Jesus enfrentou no Getsêmani, a nossa reação natural será correr para os braços desse Pai. Agora, se o nosso pensamento sobre Deus é de que Ele é um carrasco cujo trono da graça é traduzido como trono da punição, onde há castigo e julgamento quando falhamos, a nossa reação não será de falar "Errei. Preciso falar com meu Pai", mas "Errei. Agora meu Pai vai me matar". É por isso que a imagem que temos de Deus é essencial para nos relacionarmos com Ele e com o mundo.

O Diabo sempre utilizará o estado de medo como uma oportunidade para semear dúvidas sobre quem Deus é para nós. Ele sugere mentiras como: "Ele tem vergonha de você"; "Deus está bravo com você, porque você não consegue obedecer a Ele" ou "O seu Pai te abandonou com o seu problema". É desta maneira que Satanás tem tentado deturpar a imagem do Senhor. Pergunte ao mundo quem eles acham que Deus é. A grande maioria vai falar que Ele é um ser que odeia gente desobediente ou que já desistiu da humanidade há muito tempo. Tudo isso é uma grande mentira do Diabo, que Cristo, a Verdade encarnada, destrói através do testemunho da cruz.

Inúmeras vezes, nós somos tentados a fugir do propósito de Deus. E como isso começa? Com a mentalidade de medo. Até hoje o Diabo usa a mesma estratégia. Ele encontra espaço no medo que há em nossos corações para nos influenciar a fugir do confronto que, muitas vezes, existe em obedecer à vontade de Deus, nos incentivando a correr para o que é mais confortável. Até hoje, ele semeia sugestões de pensamentos que nos intimidam e nos estimulam a decidir pelo medo. Mas deixe-me falar uma coisa: você sempre vai se arrepender de tomar qualquer decisão com base no medo. Nenhuma ideia baseada nesse sentimento vem do coração de Deus. E, se não vem de Deus, só pode vir daquele que quer nos roubar, matar e destruir, ou da nossa própria carne. Além disso, Bíblia nos diz que o medo não é só um sentimento, mas sim um espírito que não vem da parte do Senhor.

> Porque Deus não nos deu o espírito de temor **(medo)**, mas de fortaleza, e de amor, e de moderação. (2 Timóteo 1.7 – ACF – acréscimo do autor)

Quando Jesus está terminando o seu jejum de 40 dias no deserto, Ele se encontra fisicamente debilitado e emocionalmente vulnerável. É exatamente nesse momento que o Diabo aparece para tentá-lo e incutir dúvida em Seu coração. O inimigo esperou exatamente um momento em que Jesus estava lutando intensamente com a Sua natureza humana para atacá-lo com o espírito de medo. Assim como fez com Jesus, Satanás não vai atacá-lo quando você estiver bem ou na área em que você já tem confiança. Ele vai tentar te confundir no momento em que você estiver mais vulnerável, estressado, desesperado e fraco. Ele vai procurar pelos espaços que não ainda foram preenchidos pelas verdades de Deus para disseminar medo. Essa será uma luta constante. Em Jesus, você vai vencer as mentiras do Diabo. Então ele vai recuar até uma nova oportunidade em que te encontrar fragilizado.

> Tendo terminado todas essas tentações, o diabo o deixou até ocasião oportuna. (Lucas 4.13 – ACF)

Tendo Jesus resistido às tentações e ao espírito de medo, Satanás recuou. Mas até quando? Até ocasião oportuna. Sabe por quê? Porque ele é um oportunista. A ocasião oportuna foi quando Jesus estava em agonia no jardim do Getsêmani. Porém, é nesse momento de vantagem para o inimigo que temos a chance de receber mais graça e misericórdia de Deus para combater o medo com amor. Em 1 João 4, é dito que o perfeito amor elimina todo o medo.

> No amor não há medo; pelo contrário o perfeito amor expulsa o medo, porque o medo supõe castigo. Aquele que tem medo não está aperfeiçoado no amor. (1 João 4.18)

Muitos de nós ainda estamos lutando contra o medo em nossa mente, porque não passamos nossos pensamentos e sentimentos pelo filtro do amor de Deus. Sabemos que Deus nos ama, mas Ele está nos convidando a conhecer ainda mais desse amor que é mais forte que a morte.

> Portanto, visto que os filhos são pessoas de carne e sangue, ele **(Jesus)** também participou dessa condição humana, para que, por sua morte, derrotasse aquele que tem o poder da morte, isto é, o diabo, e libertasse aqueles que durante toda a vida estiveram escravizados pelo medo da morte. (Hebreus 2.14-15 – acréscimo do autor)

A Bíblia diz que o Diabo tinha o poder da morte, o maior medo de todos. Digo isso, porque, no fundo, todos os medos convergem para o medo de morrer. Quem, de repente, já não teve um pensamento sobre sua própria morte? Nós não temos a falta de dinheiro, e sim que pobreza resulte em nosso fim. O que tememos não é uma doença, mas que ela nos leve ao óbito. Nós não temos medo de saltar de paraquedas ou fazer *bungee jumping*, mas sim de que alguma coisa dê errado e acabemos no chão. Éramos escravos do medo da morte. Mas o que a Palavra fala? Ela diz que, por meio da Sua morte, Jesus nos libertou desse medo e nos garantiu a vida eterna (1 Pedro 2.24). Em outras palavras, não precisamos mais temer a morte, porque, se crermos n'Ele, não vamos morrer. No momento em que você expirar o último suspiro aqui na Terra, logo em seguida, você inspirará seu primeiro sopro na eternidade. Você nunca vai morrer. Então por que temer?

O medo é a falsa evidência de uma ameaça que parece ser real. Temer é esperar o Diabo agir, enquanto ter fé é esperar Deus agir. Assim como a fé é um indicativo da presença de Deus, o medo é um indicativo do ataque do inimigo. São setas de mentiras que Satanás está lançando e que você precisa repreender com a autoridade que Cristo já te deu. A sua mente é um campo de batalha, e você precisa saber como guerrear, armando-se com a verdade da Palavra. Você não pode concordar com a mentira, uma vez que conhece e carrega a verdade. Ao aceitar uma mentira, você a empodera para ser uma falsa verdade – que atua como uma verdade na sua mente e no seu comportamento.

Quando identificar um padrão de pensamento que tem raiz no medo, você precisa encarar o problema e confessar. Sim. É desconfortável, mas extremamente necessário. O inimigo quer te manter preso onde você está com o medo e a vergonha. Mas Jesus nos ensina que só somos libertos quando expomos a verdade. Ele mesmo confessou o seu medo na oração do Getsêmani. E, nessa hora, Deus estendeu graça para Ele cumprir o Seu propósito. Seja vulnerável e traga o seu problema à luz confessando-o a Deus e a um líder.

Muitas vezes, estamos presos aos mesmos padrões de pensamento, mentiras e hábitos, porque o inimigo tem nos feito fugir da verdade, ameaçando-nos com o temor dos homens. Você não renova a sua mente, porque fica pensando: "O que vão achar de mim quando souberem o que estou escondendo? Eu não posso admitir que estou passando por isso. Vou ser punido. Vou perder o que me é precioso". Mas a Palavra diz, em João 8.32, que se conhecermos a verdade, ela nos libertará. Isso quer dizer que a nossa libertação da mentalidade de medo começa quando tornamos conhecida a nossa fraqueza.

Se você ler a Bíblia ou qualquer outro livro de História, encontrará a trajetória de diversos heróis, homens e mulheres, que realizaram grandes feitos na humanidade. E todos eles passaram por momentos de grande medo. Mas a questão é que eles desenvolveram coragem para enfrentá-lo. Eles tinham a convicção de que precisavam pôr em prática o que deveria ser feito.

Jesus sentiu um medo que era real, mas não recuou diante do que sabia que devia fazer. Se você quer viver um cristianismo que realmente provoca transformação na sua vida e na vida de outras pessoas, o seu compromisso com o propósito tem de sobrepujar suas emoções. De maneira nenhuma, estou dizendo que as suas emoções não são reais. Elas são, porém os sonhos que Deus tem para a sua vida são muito mais reais do que os seus temores. O medo e a agonia que Jesus sentiu eram tão reais que faziam com que a ideia de fugir soasse como uma boa possibilidade. Contudo, Ele conseguiu fazer com que as Suas emoções não ditassem o seu comportamento.

Para realmente viver uma renovação na sua mente, você precisará aprender a não deixar que as suas emoções controlem suas atitudes. Às vezes, você terá a bênção de ter os seus sentimentos e o propósito de Deus andando lado a lado. Outras vezes, você não terá esse privilégio. Mas isso jamais deve impedi-lo de cumprir o propósito de Deus. Se estiver com medo, vá com medo mesmo, porque enquanto você for fiel à vontade do Senhor, Ele será fiel em envolvê-lo em amor, para renovar a sua mente e livrá-la desse sentimento.

> Não fui eu que lhe ordenei? Seja forte e corajoso! Não se apavore, nem se desanime, pois o Senhor, o seu Deus, estará com você por onde você andar. (Josué 1.9)

TEMOR DOS HOMENS
CAPÍTULO 3

Nas últimas décadas, temos caminhado a passos cada vez mais acelerados em direção a um mundo onde será quase impossível não estar conectado uns com os outros. Contamos com todos os tipos de ferramentas e plataformas para construirmos nossas redes de relacionamentos. Porém, em um mundo hiperconectado, ainda há pessoas que escolhem se isolar, quase por completo, por não saberem como lidar com as pressões sociais. A maioria de nós sabe que essas pessoas existem, porém achamos que se tratam de casos isolados. A quantidade de pessoas que vivem em isolamento social no mundo é muito maior do que se imagina. Só no Japão, país no qual vivi durante toda a minha adolescência, estima-se que mais de 500 mil jovens e adultos vivem em solidão absoluta em suas casas, nas metrópoles japonesas[1].

---

[1] Dados do Ministério da Saúde do Japão. Disponível em: *https://pt.wikipedia.org/wiki/Hikikomori*. Acesso em: 11 abr. 2019.

Obviamente, essas não são pessoas comuns. Elas são conhecidas como *hikikomori* – um termo japonês que, literalmente, significa "isolados em casa". Os *hikikomori* são principalmente adolescentes e adultos jovens do sexo masculino que, por medo de não serem capazes de se relacionar com as pessoas ou atender às expectativas da sociedade, se retiram espontaneamente do convívio social para viverem isoladamente. São pessoas com idade entre 15 e 30 anos, que sofrem de baixa autoestima, solidão e timidez. Por enfrentarem tais dificuldades, buscam viver suas vidas no micromundo de suas habitações, onde não existe risco, desconforto ou pressão social. A síndrome dos *hikikomori* se trata de um problema social tão grave que é considerado pelos japoneses como um caso de saúde pública tão sério quanto o suicídio. Hoje, a sociedade japonesa compreende que tão cruel quanto abrir mão de sua vida é passar a vida inteira com medo de viver.

Culturalmente, os japoneses são criados debaixo de um excesso de disciplina e pressão para serem os melhores em tudo o que fazem e, assim, receberem honra e valor. Os próprios pais intensificam a pressão social cobrando intensamente de seus filhos o sucesso acadêmico e profissional. Por conta disso, muitos jovens crescem assombrados pelo grande medo de não conseguirem corresponder às expectativas de seus amigos e familiares. O despreparo para lidar com o fracasso e a falta de resiliência são alguns dos principais fatores que levam os japoneses a desenvolver a síndrome dos *hikikomori* na juventude.

De acordo com o Centro de Reabilitação para Vítimas de Hikikomori de Yokohama, esse fenômeno atinge um em cada 40 lares japoneses. Além disso, o isolamento, muitas vezes, vem associado ao vício em videojogos e redes sociais, vergonha da família e traumas na escola ou trabalho[2]. Um *hikikomori* tem total consciência do estado de pavor em que se encontra, mas prefere viver isoladamente em sua zona de conforto, porque ali não precisa confrontar suas inseguranças. Quanto mais tempo ele demora para enfrentar seus medos, mais distante se torna a resolução do seu problema. Nos últimos anos, este fenômeno também foi registrado em diversos países do ocidente, como Estados Unidos, Espanha, Itália e Inglaterra.

Creio que essa síndrome de origem japonesa reflete bem o ápice do temor dos homens na Terra. Esse temor é o que mais nos impede de viver a boa, perfeita e agradável vontade de Deus. Ele é capaz de nos aprisionar aos pensamentos de outras pessoas e, por consequência, nos tornar miseravelmente dependente deles. Eu mesmo quase me tornei um *hikikomori* quando fui morar no Japão, logo após a morte do meu pai.

---

[2] ARAGÃO, Denise. **Hikikomori: jovens em isolamento.** Disponível em: *https://denisearagao.com.br/hikikomori-jovens-em-isolamento/*. Acesso em: 11 abr. 2019.

Dois anos depois de perdê-lo, eu já acreditava que havia conseguido superar o luto e o medo de ser um missionário como ele. Aos 12 anos, comecei sentir uma grande necessidade de sair de Santarém para conhecer o mundo. Mesmo antes de meu pai falecer, já sonhava com isso. Eu queria conhecer outros países e culturas. Por pertencer a uma família de missionários, era comum em nosso dia a dia conversarmos sobre viajar para outros países além do Brasil, para realizar missões como outros membros de nossa família. No meu coração, eu carregava uma enorme vontade de continuar com o legado do meu pai e viajar pelas nações falando sobre o amor de Jesus.

Outro fator que também me motivava a querer sair de casa era que tudo na cidade me lembrava do meu pai e de que ele não estava mais comigo. Por mais que o luto tivesse passado, a perda ainda era recente para mim. Eu não queria me esquecer dele, mas precisava ir para um ambiente no qual eu pudesse viver algo novo. Percebendo que eu precisava mesmo desse tempo fora de Santarém e sentindo que aquilo era algo que o Senhor estava gerando em mim, minha mãe me enviou para morar em uma escola missionária em Manaus.

Essa escola funcionava como um internato para filhos de missionários americanos. Morei lá durante um ano e pude aprender muito mais sobre os desafios de uma vida de missões. Foi um período muito precioso para desenvolver minha autorresponsabilidade e resiliência. Aquilo estava me preparando para a grande mudança que estava por vir.

Ao longo dos três anos que se seguiram após a morte do meu pai, o meu querido tio Timóteo, outro herói em minha vida, aproximou-se muito da nossa família. Ele era o irmão mais novo do meu pai e, até então, nunca tinha se casado. Ele viajava o mundo como missionário e, na época, estava implantando igrejas no Japão com a ajuda dos meus avós. Conforme ele e minha mãe trabalhavam juntos nas missões de Santarém, eles foram desenvolvendo uma admiração mútua que cresceu até se transformar em amor.

Sabendo que estavam apaixonados e que ambos tinham o mesmo propósito de viver para Cristo, decidiram se casar para servirem a Deus juntos. Eles foram bem transparentes com toda a nossa família e comigo. A princípio, achei estranho, mas confiava que aquilo faria minha mãe muito feliz. Ela também sofrera muito com a morte do meu pai. A união dela e do meu tio acabou me alegrando muito. Via que minha mãe estava sendo amada e cuidada por um homem de Deus que eu admirava.

O casamento da minha mãe deu início a uma nova fase na minha história. A partir daquele ano, eu não moraria mais em Manaus nem em Santarém. Meu tio precisava voltar para o Japão e, com isso, nós tivemos de nos mudar para o outro lado do mundo com ele. Estávamos indo morar na "terra do sol nascente"!

Inicialmente, eu fiquei muito animado com a ideia de começar essa nova temporada conhecendo uma cultura diferente, ajudando meu tio-padrasto com a missão de levar o Evangelho para os japoneses. Até os dias de hoje, o Japão ainda é muito fechado ao Evangelho. Por muitas décadas, os cristãos ainda representam menos de 3% da população desse país[3].

Quando chegamos lá, experimentei um choque cultural muito violento, que começou a despertar em mim grande insegurança. Eu nunca tinha ido para um país do oriente. Sabia que seria muito diferente do que via nas Américas do Sul e do Norte, contudo não imaginava que seria tudo tão desconhecido a ponto de fazer com que eu me sentisse um "caipira". No Japão, tudo era diferente: a língua, a culinária, a religião, a educação, o entretenimento, as relações sociais e até mesmo a forma de se vestir.

Confesso que, por mais que eu me esforçasse para me adaptar a tudo, não me sentia capaz. Por diversas vezes, me achei frustrado com minha rotina, porque não conseguia me relacionar tão bem com meu novo "pai" ou fazer amigos na escola que frequentava. Eu sofri muito. A escola era bilíngue, só podíamos falar em inglês ou japonês. E por mais estranho que possa parecer, apesar de ser filho de americanos, o meu inglês não era tão bom na adolescência. Eu falava com

---

[3] **Religion in Japan**. Wikipedia. Disponível em: *https://en.wikipedia.org/wiki/Religion_in_Japan#cite_note-7*. Acesso em: 11 abr. 2019.

muito sotaque brasileiro, e isso fazia com que os meus colegas de classe me achassem estranho. O meu inglês inadequado, unido à minha timidez e à falta de senso de estilo, fez de mim o estranho da sala. Ninguém queria ser amigo do estrangeiro caipira que vinha da Amazônia, que falava errado e usava óculos quase fundo-de-garrafa e macacão *jeans*.

O fato de o Japão possuir uma forte herança espiritual e cultural como um povo extremamente nacionalista colaborou para que os japoneses crescessem com uma aversão "natural" aos estrangeiros. Para os habitantes mais conservadores, o Japão jamais devia ter aberto o país para o mundo. Tudo estava bem sem a influência das outras nações. Para eles, todos precisam ser iguais para que exista ordem e perfeição. E por mais que já tivessem avançado muito como sociedade, ainda existiam rastros dessa mentalidade exageradamente nacionalista alcançando os jovens. Até hoje, existe um ditado popular japonês que ilustra muito bem a pressão que existe para todos serem iguais: "O prego que se sobressai aos outros será batido".

Toda essa pressão me alcançou e fez com que eu desenvolvesse baixa autoestima e medo das pessoas por conta do *bullying* que sofria por parte dos meus colegas. Eu era um adolescente que sentia tanto medo de não atender às expectativas dos outros ou mesmo de me relacionar com eles que fazia de tudo para ficar trancado em casa. Todos os dias, eu travava uma grande luta para levantar da minha cama, confiar na bondade de Deus e ir para escola. Para mim, o caminho do trem até o meu colégio era uma tortura. Quanto mais eu me aproximava da escola, ao longo do caminho, mais o meu coração acelerava, como se estivesse indo para a minha execução. Eu odiava viver o meu dia a dia, porque tinha tanto medo dos pensamentos dos outros adolescentes que achava que as pessoas estavam rindo de mim, mesmo quando não estavam.

Certo dia, eu estava na escola e fui pegar o almoço no refeitório. Encarei uma fila gigantesca, peguei minha comida e, quando fui procurar um lugar para sentar e almoçar, vi todas as mesas ocupadas com pessoas que não gostavam de mim ou desconhecidas. Naquela época, eu só tinha três amigos na minha sala, e nenhum deles estava lá para almoçar comigo. Aquela situação me deixou congelado.

Enquanto caminhava para lugar nenhum, eu me perguntava desesperadamente: "E agora, onde vou sentar?". Na minha cabeça, não existia a menor possibilidade de sentar com alguém que eu não conhecia, porque eu era muito tímido. Porém, sabia que também não podia sentar sozinho. Se o fizesse, as pessoas ririam de mim. Olhariam para mim e diriam: "Olha esse cara. Ele é tão estranho que nem tem amigos".

Estava tão nervoso que nem percebi que tinha saído do refeitório e ido parar no banheiro dos homens. Parece cena de filme, mas é verdade. O banheiro foi o único lugar que encontrei onde pude me sentir a salvo. Naquela hora, só queria me esconder e almoçar. Então, fiz o inimaginável, entrei em uma divisória do banheiro, fechei a portinha, sentei em cima da tampa do vaso e comecei a comer ali, sozinho. Almocei tremendo e chorando, porque me sentia um covarde.

Morei no Japão por cinco anos, e confesso que não sei o que teria sido de mim nessa fase se não fosse pela ajuda de um mentor espiritual que conheci através do meu tio. Seu nome era Ron Hardy. Ele era um incrível missionário americano que havia se mudado com sua esposa para o Japão, para liderar um movimento cristão chamado High School Born-Againers (HiBA). Esse movimento buscava estabelecer o Reino de Deus dentro das escolas, alcançando e discipulando jovens colegiais. Muitos dos jovens que participavam do HiBA eram filhos de missionários como eu. Ali eu encontrei um lugar em que eu não me sentia tão estrangeiro. No HiBA, consegui desenvolver amizades verdadeiras, crescer em entendimento da Bíblia, fortalecer a minha fé, restaurar a minha identidade em Cristo e até conhecer a jovem que um dia se tornaria minha esposa.

Era durante conversas com Ron que eu abria meu coração para ele e falava sobre tudo que estava enfrentando. Ele me ouvia com muito amor e atenção. Não desvalorizava o que eu estava sentindo, mas utilizava isso para esticar a minha fé e me fazer enxergar que o caráter de Cristo estava sendo desenvolvido em mim. Ele me ensinou a vencer o temor dos homens, mostrando-me que Jesus também passou por rejeição, mas que conseguiu superar todas essas vozes que vinham de fora e da Sua mente, porque focava na voz do Pai. Ron me encorajou a ser humilde e respeitar as opiniões de todos sempre, mas sem jamais temê-las. Descobri que devemos temer apenas uma opinião: a de Deus.

> Quem teme ao homem cai em armadilhas, mas quem confia no Senhor está seguro. (Provérbios 29.25)

O missionário Ron me ensinou que existem dois tipos de temor, o destrutivo temor dos homens e o santo temor de Deus. O primeiro nos traz insegurança, enquanto o segundo nos dá sabedoria para viver seguramente debaixo da vontade do Senhor. Se você for perguntar como a Bíblia nos ensina a lidar com a insegurança ou como se tornar alguém seguro, você verá que a resposta é simples: um relacionamento com Deus. E Ron sempre me estimulava a focar na minha intimidade com o Pai para vencer o medo.

Diferentemente do temor dos homens, que carrega uma conotação de pavor, o temor do Senhor implica considerar e honrar os pensamentos de Deus, que é o que nos define e nos revela o que é justo e verdadeiro. A Bíblia diz que, ao contrário dos pensamentos do homem, que podem ser maldosos, os do Senhor são essencialmente de paz e prosperidade.

"Pois os meus pensamentos não são os pensamentos de vocês, nem os seus caminhos são os meus caminhos", declara o Senhor. "Assim como os céus são mais altos do que a terra, também os meus caminhos são mais altos do que os seus caminhos e os meus pensamentos mais altos do que os seus pensamentos." (Isaías 55.8-9)

> Porque eu bem sei os pensamentos que penso de vós, diz o Senhor; pensamentos de paz e não de mal, para vos dar o fim que esperais. (Jeremias 29.11 – ARC)

A boa, perfeita e agradável vontade de Deus só vem através da renovação da nossa mente. Se não transformarmos a nossa mentalidade, alinhando nossos pensamentos aos pensamentos do Senhor, jamais viveremos a plenitude da Sua vontade, mesmo estando salvos. A minha história é uma prova de que podemos viver salvos e ainda assim não experimentar uma vida abundante, porque damos mais atenção ao que o mundo diz do que ao que Deus está falando. O Senhor tem muito mais para nós. Porém, cabe a nós nos aproximarmos d'Ele, buscando-O de todo nosso coração. A verdadeira vontade do Senhor para as nossas vidas só é percebida quando habitamos em sua presença.

> Aquele que habita no abrigo do Altíssimo e descansa à sombra do Todo-poderoso... (Salmos 91.1)

Este é o salmo da segurança. Nele encontramos estratégia para acabar com a nossa insegurança. Nesse trecho, o salmista fala sobre um abrigo, um lugar secreto, reservado para recebermos a presença do Altíssimo. Esse lugar secreto é o mesmo local a que Jesus nos incentiva a ir quando desejamos orar e buscar ao Senhor:

> Mas quando você orar, vá para seu quarto, feche a porta e ore a seu Pai, que está no secreto. Então seu Pai, que vê no secreto, o recompensará. (Mateus 6.6)

O abrigo do Altíssimo é o seu quarto ou o lugar no qual você estabelece um altar para o Senhor. Toda segurança se encontra na presença de Deus, que é cultivada no seu lugar secreto. Se você não voltar constantemente a esse lugar, não haverá onde se abrigar no momento de medo.

Se eu não tivesse o meu lugar secreto, eu jamais teria fortalecido a minha fé e a minha identidade em um país estranho como o Japão. E aqui deixo uma dica para você que deseja ser um missionário: não importa onde estiver durante suas missões, jamais deixe de cultivar o seu lugar e tempo de intimidade com Deus. A sua fidelidade n'Ele é que nutrirá a confiança que você precisa para viver pela fé. É no abrigo do Altíssimo que você poderá dizer o que está no versículo dois do salmo 91:

> Tu és o meu refúgio e a minha fortaleza, o meu Deus, em quem confio. (Salmos 91.2)

No Reino de Deus, nada acontece sem declarações. Tudo aquilo que Deus faz começa a partir da palavra. O próprio Universo começou a partir da declaração do Criador (Gênesis 1). Por isso, é importante entendermos que, quando declaramos a vontade de Deus, podemos criar novas realidades. No versículo dois do Salmo 91, o salmista está fazendo sua declaração a respeito do seu refúgio em Deus. Há certas coisas que só vão começar a acontecer se declararmos as verdades do Céu na Terra.

No capítulo anterior, mencionei como foi importante para a minha libertação declarar verdades como: "O Senhor é bom! O Senhor jamais me abandonou! Eu confio nos planos do Senhor". Todas essas orações foram feitas no meu lugar de intimidade, meu quarto. Precisamos entender que não basta só estar na presença de Jesus para vencer o temor dos homens, temos de combater o medo a partir desse lugar de intimidade, declarando as verdades de Deus.

Assumindo a posição descrita no versículo um e fazendo a declaração do versículo dois, você terá a resposta de Deus anunciada nos versículos seguintes:

> Ele o livrará do laço do caçador e do veneno mortal. Ele o cobrirá com as suas penas, e sob as suas asas você encontrará refúgio; a fidelidade dele será o seu escudo protetor. Você não temerá o pavor da noite, nem a flecha que voa de dia, nem

a peste que se move sorrateira nas trevas, nem a praga que devasta ao meio-dia. Mil poderão cair ao seu lado, dez mil à sua direita, mas nada o atingirá. Você simplesmente olhará, e verá o castigo dos ímpios. Se você fizer do Altíssimo o seu refúgio, nenhum mal o atingirá, desgraça alguma chegará à sua tenda. Porque a seus anjos ele dará ordens a seu respeito, para que o protejam em todos os seus caminhos; com as mãos eles o segurarão, para que você não tropece em alguma pedra. Você pisará o leão e a cobra; pisoteará o leão forte e a serpente. (Salmos 91.3-13)

Muitos de nós gostamos do versículo que diz que "Mil poderão cair ao seu lado, e dez mil à sua direita, mas nada o atingirá". Porém, poucos são os que entendem que ele só se cumprirá se estivermos no lugar secreto. Lá encontramos a segurança para viver promessas como pisotear o leão e a serpente. Pessoas inseguras não pisam nesses tipos de feras. Mas nós que estamos seguros em Cristo, sim. E, ao final do capítulo, podemos ver Deus falando diretamente conosco, nos trazendo segurança e promessas.

Porque ele me ama, eu o resgatarei; eu o protegerei, pois conhece o meu nome. Ele clamará a mim, e eu lhe darei resposta, e na adversidade estarei com ele; vou livrá-lo e cobri-lo de honra. Vida longa eu lhe darei, e lhe mostrarei a minha salvação. (Salmos 91.14-16)

Deus promete segurança e proteção, mas é nossa responsabilidade manter nossos pensamentos n'Ele. Somos os porteiros das nossas mentes. Nós decidimos quem entra e quem vai embora delas. Deus não controla os nossos pensamentos, o Diabo também não. Temos cem por cento de governo sobre eles. Por isso, eu incentivo você a escolher dar ouvidos ao único que jamais para de pensar no nosso bem. Uma vez que descobrimos o que Ele pensa ao nosso respeito, declaramos essas verdades que destroem as mentiras que se infiltram em nossas mentes.

Nós jamais seremos tudo o que podemos ser se condicionarmos nossas vidas ao que os outros pensam. Os pensamentos das pessoas são limitados, porém os do Senhor não conhecem restrições. Lembre-se, só poderemos experimentar a plenitude com Cristo se deixarmos a aprovação dos homens em segundo plano. O nosso Deus sempre deve ter a palavra final em nossas vidas.

> Acaso busco eu agora a aprovação dos homens ou a de Deus? Ou estou tentando agradar a homens? Se eu ainda estivesse procurando agradar a homens, não seria servo de Cristo. (Gálatas 1.10)

SAI PRA LÁ, ANSIEDADE

CAPÍTULO 4

Deus frequentemente escolhe pessoas comuns e quebradas para realizar feitos extraordinários. Às vezes, Ele chama aqueles com um passado duvidoso, e que estão sempre fugindo do seu chamado eterno para correr atrás de prazeres passageiros. George Müller, um dos maiores missionários da história da Igreja e um dos meus heróis da fé, foi uma dessas pessoas. Nascido em um lar não cristão, quando jovem, costumava se envolver com roubos, jogos, mentiras, fraudes, entre outras atividades ilícitas. Pode se dizer que, praticamente, não houve pecado em que ele não houvesse caído. Na adolescência, era tido como um fracasso e uma decepção para todos, incluindo seus pais.

George era um jovem tão egoísta e mesquinho que, aos 17 anos, chegou a ser preso por roubar os próprios amigos. Ele só saiu da prisão porque seu pai decidiu pagar a sua fiança. Mas certamente não ficaria impune, havia um plano de ação para colocá-lo na linha: enviá-lo para fazer o seminário da Universidade de Halle-Wittemberg. Naquele momento, nem ele nem seu pai tinham aspirações espirituais a respeito do futuro de George com isso. O objetivo era apenas deixar o jovem longe de problemas.

Dentro do *campus* universitário, George Müller foi iniciado no aprendizado das sagradas escrituras e da teologia, porém jamais havia tido uma experiência com Deus. Por anos, Deus se tornara apenas um objeto de estudo, e não uma pessoa com quem pudesse se relacionar. Porém, isso era o que pensava até atender a um convite para participar de uma reunião de estudo bíblico em uma casa onde alguns cristãos se reuniam. Na reunião, George assistiu a um culto onde testemunhou, pela primeira vez, dezenas de pessoas ajoelhadas e verdadeiramente quebrantadas, clamando desesperadamente pela presença de Deus. Aquela cena e o ambiente espiritual da reunião o deixaram profundamente comovido, ao ponto de despertar nele o desejo de entregar sua vida para Jesus e abandonar seus hábitos pecaminosos.

Foi uma conversão radical. Um momento de all-in na vida de George, que mudou seu destino para sempre. Começava ali um processo de transformação completa que iria lhe conferir autoridade para futuramente se tornar um general dos Céus na Terra. Foi nesse período que ele reconheceu que queria se tornar um missionário.

Durante esse processo, George percebeu que havia passado anos de sua vida dentro do seminário, estudando muito acerca de Deus sem jamais conhecê-lO. A partir dessa revelação, George abandonou sua religiosidade e começou a ler e meditar sobre as escrituras pedindo pela revelação do Espírito Santo. A sua dedicação em buscar o Senhor através da Palavra gerou uma profunda transformação em seu caráter e na sua forma de pensar sobre vida e propósito. George Müller amou tanto a Bíblia que, antes de falecer, afirmou que a leu mais de 200 vezes. E mais da metade dessas vezes, o fez de joelhos, em sinal de completa submissão ao Senhor.

George foi fortemente influenciado pela doutrina da graça e pela revelação de que o Senhor é nossa provisão e nada nos faltará se buscarmos primeiramente o Reino de Deus (Mateus 6.33). Ele tanto cria no caráter provedor do Senhor que, desde o início do seu ministério como missionário, pastor e marido, tomou a decisão de nunca revelar suas necessidades às pessoas e nunca pedir dinheiro a ninguém, somente a Deus. Ao mesmo tempo, decidiu que também nunca entraria em dívidas por motivo algum e que não faria reservas, nem guardaria dinheiro para o futuro.

Durante cerca de 70 anos, Müller iniciou mais de 110 escolas, que educaram uma média de 120 mil jovens e órfãos; distribuiu 275 mil Bíblias completas em diferentes idiomas, além de grande quantidade de porções menores das Escrituras; sustentou mais de

180 missionários em outras nações; e sua equipe de assistentes chegou a contar com mais de 110 pessoas. Seu maior legado foi o trabalho nos orfanatos em Bristol, na Inglaterra. Começando com duas crianças, o trabalho foi crescendo e chegou a incluir cinco prédios construídos por ele mesmo, com nada menos que 2.000 órfãos sendo alimentados, vestidos, educados e treinados para o trabalho. Ao todo, pelo menos dez mil pessoas passaram pelos orfanatos de Bristol durante sua vida[1].

Só a manutenção desse trabalho custava 26 mil libras por ano. Nunca houve uma criança ou jovem que tenha ficado sem refeição, porém muitas vezes a solução chegava na última hora. Ocasionalmente, sentavam para comer com pratos vazios, mas a resposta de Deus nunca falhava. Quanto mais George e sua equipe oravam e davam passos de fé, mais milagres aconteciam. Pessoas ricas faziam doações para o orfanato, assim como crianças traziam suas mesadas para apoiar o ministério. Tudo era conseguido através de gratidão, submissão e oração.

Certo dia, pouco antes do café da manhã ser servido no orfanato, George foi informado por um de seus assistentes de que não havia comida para as crianças naquela manhã. Enquanto todos à sua volta estavam ansiosos e aflitos tentando achar uma solução, ele permaneceu calmo e pediu para que conduzissem todas

---

[1] PARSONS, Charles R. **George Müller: homem de fé a quem Deus deu milhões**. Revista Impacto. São Paulo, 2004. Disponível em: *www.revistaimpacto.com.br*. Acesso em: 11 abr. 2019.

as crianças ao refeitório para a refeição matinal. Estando elas sentadas, Müller foi até o local e liderou todos os presentes em oração para agradecer a Deus pelo pão de cada dia, declarando que Ele era um Deus bom, porque jamais deixou faltar nada naquela casa. Terminada a oração, ele pediu para que todos esperassem um pouco, porque o Senhor já estava trazendo o café da manhã que eles haviam pedido.

Depois de alguns minutos, escutou-se o som de uma pessoa batendo na porta do orfanato. Era um padeiro que dizia não ter conseguido dormir a noite toda, porque, de alguma forma que ele não sabia explicar, sentia em seu coração que as crianças daquele orfanato precisavam de pães naquela manhã. E, por conta disso, trouxera um enorme carregamento de pães para doar a eles. A oferta era tão grande que até sobrou.

Em outra ocasião parecida, um entregador de leite apareceu batendo na porta do orfanato de Müller dizendo: "O meu caminhão está cheio e quebrou bem em frente ao orfanato, e todo o leite que temos vai estragar porque não conseguirei entregar a tempo. Vocês o aceitariam?". George sorriu ao ver os dez latões de leite, que foram suficientes para alimentar 300 crianças.

Estas são algumas histórias de como Deus sustentou George Müller e seu ministério através da oração e dedicação à Sua obra. Ele foi um apóstolo da fé, porque decidiu ser um homem que jamais viveria refém do dinheiro ou da ansiedade. Foi um discípulo de Cristo que teve a sua vida e maneira de pensar radicalmente transformadas pela Palavra de Deus. George Müller foi um homem que constantemente experimentava a paz que excedia todo o entendimento, porque praticou a revelação de Filipenses 4.

> Não andem ansiosos por coisa alguma, mas em tudo, pela oração e súplicas, e com ação de graças, apresentem seus pedidos a Deus. E a paz de Deus, que excede todo o entendimento, guardará os seus corações e as suas mentes em Cristo Jesus. (Filipenses 4.6-7)

Nesse trecho das Escrituras, o apóstolo Paulo fala de uma paz que vem de Deus, para guardar nossos corações e mentes de toda ansiedade. A paz a que ele se refere vem para atuar não no que compreendemos, mas naquilo que está além do nosso controle e entendimento. Esse sopro de Deus vem para agir em nossos sentimentos e pensamentos quando estamos ansiosos antes de dar um passo de fé para fora da nossa zona de conforto. É para isso que Ele nos dá a mesma paz que estava em Cristo, para fazer coisas loucas, como orar por enfermos, perdoar traidores, libertar pessoas endemoniadas, pregar para multidões, crer em milagres financeiros, e tudo que parece impossível aos olhos humanos. Afinal, para que precisaremos de uma paz sobrenatural se nunca nos propusermos a fazer algo arriscado? A verdadeira vida cristã é cheia de riscos e adrenalina, porque se trata de uma aventura para salvar vidas e expandir um Reino.

Se você quer viver o Evangelho, precisa se perguntar: "Será que eu estou dando passos de fé para além do meu entendimento racional? Quando foi a última vez que alguém me chamou de maluco e, mesmo assim, eu pude sentir paz nas minhas decisões?". A paz que excede o entendimento é a marca de um seguidor de Jesus, porque Ele é o Príncipe da Paz. Se temos tranquilidade em meio a uma crise é porque sabemos que Ele está presente. Se podemos dormir em meio às tempestades, como Jesus fez (Marcos 4.35-41), é porque sabemos que Ele está conosco e temos autoridade para trazer paz a qualquer situação.

Saber lidar com a ansiedade é uma revelação tão fundamental para o cristianismo que Jesus separou uma parte da sua mais famosa pregação, o Sermão do Monte, para nos ensinar porque não devemos andar nesse sentimento. Veja só o que o Príncipe da Paz nos diz:

> Por isso, vos digo: não andeis ansiosos pela vossa vida, quanto ao que haveis de comer ou beber; nem pelo vosso corpo, quanto ao que haveis de vestir. Não é a vida mais do que o alimento, e o corpo, mais do que as vestes? Observai as aves do céu: não semeiam, não colhem, nem ajuntam em celeiros; contudo, vosso Pai celeste as sustenta. Porventura, não valeis vós muito mais do que as aves? Qual de vós, por ansioso que esteja, pode acrescentar um côvado ao curso da sua vida? E por que andais ansiosos quanto ao vestuário? Considerai como crescem os lírios do campo: eles não trabalham, nem

fiam. Eu, contudo, vos afirmo que nem Salomão, em toda a sua glória, se vestiu como qualquer deles. Ora, se Deus veste assim a erva do campo, que hoje existe e amanhã é lançada no forno, quanto mais a vós outros, homens de pequena fé? Portanto, não vos inquieteis, dizendo: Que comeremos? Que beberemos? Ou: Com que nos vestiremos? Porque os gentios é que procuram todas estas coisas; pois vosso Pai celeste sabe que necessitais de todas elas; buscai, pois, em primeiro lugar, o seu reino e a sua justiça, e todas estas coisas vos serão acrescentadas. Portanto, não vos inquieteis com o dia de amanhã, pois o amanhã trará os seus cuidados; basta ao dia o seu próprio mal. (Mateus 6.25-34 – ARA)

Tanto Jesus como o apóstolo Paulo nos incentivam a não andarmos ansiosos, mas focarmos em buscar o Reino de Deus, porque assim tudo o que precisamos nos será acrescentado. Contudo, temos de admitir que muitas vezes não conseguimos nos contentar só com as palavras "não andeis ansiosos", não é mesmo? Mas calma, porque a resposta para não andarmos em ansiedade está na frase seguinte do versículo 6 do capítulo 4 de Filipenses:

> [...] mas em tudo, pela oração e súplicas, e com ação de graças, apresentem seus pedidos a Deus.

O que Paulo está falando é algo tão básico que nem parece uma grande revelação para superar a ansiedade. O que ele diz, em outras palavras, é: "Não perca tempo e energia ficando ansioso. Em vez disso, vá orar apresentando suas necessidades, com um coração grato pelo que já possui". É algo simples e instintivo. Se um filho tem necessidade de algo, o que ele faz? Achega--se ao seu pai e pede ajuda, sem questionar o amor e a bondade dele. Simplesmente pede e confia. Contudo, é por parecer algo tão fácil e automático que a maior parte de nós não o faz. Ficamos ansiosos e saímos correndo, tentando solucionar o problema com nossas próprias estratégias, quando deveríamos agir na dependência de Deus, como Jesus, o apóstolo Paulo e George Müller faziam. Eles agradeciam, submetiam-se e pediam.

A ansiedade começa a dar lugar à paz de Cristo quando oramos com gratidão. É quando agradecemos que nossos olhos deixam de focar nos problemas, desafios e impossibilidades para contemplar os testemunhos da fidelidade de Deus em nossa vida. Ao passo que exercitamos a gratidão, percebemos que estamos diante de um Deus que nunca nos deixou faltar nada e reconhecemos que Ele é generoso para nos dar muito além do que pedimos. Basta colocar o nosso foco naquilo que Ele já fez por nós, que ganhamos paz acerca do futuro, sabendo que o amor d'Ele jamais falha conosco.

Mas pelo que podemos ser gratos quando nossos corações e mentes estão agitados? Devemos agradecer porque Deus nunca vai nos abandonar (Hebreus 13.5); porque a graça é suficiente e o poder d'Ele se aperfeiçoa na nossa fraqueza (2 Coríntios 12.9); o Senhor sempre providenciará uma solução (1 Coríntios 10.13); Jesus nos trouxe a cura definitiva (Isaías 53.4); Ele tem o nosso futuro em Suas mãos (Salmos 31.15); e porque nada pode nos separar do Seu amor (Romanos 8.38-39).

A gratidão nos ajuda a parar de ver apenas onde estamos agora para enxergar até onde Deus nos tem levado. Adquirimos a convicção de que já passamos por situações difíceis outras vezes, e o Senhor nos proveu tudo que precisamos. Isso nos dá confiança para crer que Deus não nos esqueceu e que a nossa vitória já está a caminho. Portanto, é simples: basta olharmos para o nosso passado com foco no que Ele fez para entender o que Ele está por fazer. E se você não conseguir se lembrar de alguma situação que tenha sido mais difícil ou aterrorizante do que esta que você está passando hoje, é só voltar seus olhos para a cruz. Ali Jesus nos livrou do pior que poderia acontecer conosco. O calvário é o maior testemunho de que não há nada que o Senhor não faria por nós. Ele é o nosso socorro e a nossa esperança eterna.

Quando tomamos a consciência de que Deus sempre esteve cuidando de nós, começamos a ter paz para lançarmos sobre Ele todas as nossas preocupações, assim como está escrito em 1 Pedro 5:

> Portanto, humilhem-se debaixo da poderosa mão de Deus, para que ele os exalte no tempo devido. Lancem sobre ele toda a sua ansiedade, porque ele tem cuidado de vocês. (vs. 6-7)

Quando nos colocamos debaixo da mão de Deus, não estamos lá para cobrar justiça ou para obter uma bênção, mas sim para nos alinharmos ao centro da vontade d'Ele. Literalmente, declaramos: "Seja feita a Sua vontade, e não a minha, na Terra, assim como é feita no Céu". Posicionar-nos no centro da vontade de Deus nem sempre vai parecer a coisa mais sensata a se fazer, mas, com toda certeza, é sempre a coisa certa.

Quando não resistimos à ansiedade e saímos de debaixo da mão de Deus, falando: "Não! Espere aí que eu vou resolver sozinho.", estamos nos colocando em perigo, porque começamos a fazer tudo fora da cobertura da Sua vontade. Por isso, precisamos tomar cuidado para não dar lugar ao impulso de sair tentando solucionar tudo sem uma palavra clara do Senhor. Isso só roubará nossa energia e não resolverá nada. Quando a tentação de agir por conta própria vier, faça como Jesus fez no Getsêmani: ore, abra o seu coração e peça para que a vontade do Senhor seja feita.

> Ele se afastou deles a uma pequena distância, ajoelhou-se e começou a orar: "Pai, se queres, afasta de mim este cálice; contudo, não seja feita a minha vontade, mas a tua". Apareceu-lhe então um anjo do céu que o fortalecia. (Lucas 22.41-43)

Veja só que incrível: quando Jesus, em meio à agonia e ansiedade a respeito do futuro, abriu mão da

Sua vontade para pedir que a vontade de Deus fosse feita, um anjo desceu do Céu para Lhe confortar. Aqui, Lucas nos mostra que o Céu invade a Terra quando um homem justo abre mão da sua vontade e ansiedade para cumprir o propósito celestial do Reino. Nesse relato das Escrituras, podemos ver Jesus praticando o que ensinou no sermão do monte:

> Busquem, pois, em primeiro lugar o Reino de Deus e a sua justiça, e todas essas coisas lhes serão acrescentadas. (Mateus 6.33)

Naquele momento, tudo que Cristo precisava para prosseguir com o Seu propósito lhe foi concedido: graça e encorajamento.

Talvez hoje você esteja vivendo em ansiedade, porque está tentando resolver os problemas pela força do seu próprio braço e esquecendo que até mesmo Jesus precisava pedir ajuda ao Pai para cumprir o Seu chamado aqui na Terra. Deus está louco para suprir suas necessidades, porém Ele precisa que você peça segundo a vontade d'Ele, para que aquilo de que realmente necessita chegue até você. Por que é importante que seja segundo a vontade d'Ele? Porque, muitas vezes, pedimos coisas que aparentemente vão resolver o nosso problema, mas, na verdade, só serão uma solução passageira.

Existem situações em que o fundamental para o momento não é a solução óbvia. Por exemplo: talvez, em um momento de crise, possamos pedir o prover financeiro imediato. Mas se não tivermos caráter e sabedoria, de nada adiantará, continuaremos entrando em dívidas, porque não teremos a nossa mente transformada. Seremos escravos do dinheiro, porque estamos focando em nossa vontade, e não na vontade de Deus. Então, em vez disso, o Senhor pode nos dar uma oportunidade de trabalho ou estudo, porque estes tratarão o caráter e potencializarão o talento para abençoar não apenas uma pessoa, mas outras milhares de vidas. O propósito de Deus está sempre além do nosso interesse momentâneo, visa aos frutos que podemos gerar a partir daquilo que recebemos. Depois de agradecer e se submeter, PEÇA segundo a vontade de Deus, e não a sua própria!

> Peçam, e lhes será dado; busquem, e encontrarão; batam, e a porta lhes será aberta. Pois todo o que pede, recebe; o que busca, encontra; e àquele que bate, a porta será aberta. Qual de vocês, se seu filho pedir pão, lhe dará uma pedra? Ou se pedir peixe, lhe dará uma cobra? Se vocês, apesar de serem maus, sabem dar boas coisas aos seus filhos, quanto mais o Pai de vocês, que está nos céus, dará coisas boas aos que lhe pedirem! (Mateus 7.7-11)

Deus sempre sabe o que é melhor para cada um de nós. Os Seus propósitos alinham o nosso bem com a vontade d'Ele para as nossas vidas. Por isso, não faz sentido darmos ouvidos à ansiedade. Quer vencê-la sempre que vier te atacar? Não dê atenção a ela. Foque nos interesses do Reino e na vontade do Rei para você e para as pessoas que estão à sua volta. Isso é o que levará você a experimentar a paz que excede o entendimento e o propósito de Deus. Quando olhamos para o Rei e contemplamos o nosso Senhor, nos recordamos de quem Ele é: a nossa provisão.

FOCO NA MISSÃO

CAPÍTULO 5

Eu sempre desejei ser um missionário destemido como o meu pai. Ele costumava afirmar que viver para Cristo era uma aventura em que colocávamos nossas vidas em jogo, tal como nos esportes radicais que praticávamos juntos nas horas de lazer. Pode-se dizer que meu pai era um homem que amava se aventurar, tanto na vida com Cristo, quanto em atividades ousadas. Quando não estava pregando ou cuidando de assuntos da igreja, estava envolvido em alguma prática desafiadora, como caça, *wakeboard* ou pilotagem de aviões ultraleve. Ele era apaixonado por adrenalina e um pai amoroso que fazia questão de levar seus filhos para essas atividades com ele.

Seu objetivo em nos levar para experiências tão radicais era ter mais tempo de qualidade conosco e, ao mesmo tempo, desenvolver em nós resiliência diante do perigo e apreço por uma vida cheia de adrenalina. Essa estratégia funcionou tão bem que gerou em mim uma grande paixão por esportes radicais, que tem durado por toda minha vida. Hoje, sou eu quem leva a minha família para praticar atividades como *surf*, *kitesurf*, *snowboard*, *bungee jumping*, paraquedismo, entre outros. Contudo, mesmo tendo sido criado nesse ambiente de ousadia e superação de desafios, eu fui um jovem muito tímido, inseguro e que, apesar de querer ser missionário e cultivar um espírito aventureiro, tinha pavor de falar em público.

O sonho de viajar pelo mundo pregando o Evangelho nunca deixou meu coração, mas confesso que, por diversas vezes, ele me parecia uma missão impossível. Eu olhava para mim e achava que minha personalidade não se encaixava nem um pouco no meu chamado. Havia momentos em que eu pensava que era melhor desistir, porque precisaria nascer de novo para ser um pregador. Questionava sobre o futuro incerto, no qual eu não tinha garantia nenhuma de que obteria êxito como missionário, do mesmo jeito que meu pai. Mas eram nessas horas, quando me sentia sufocado pela ansiedade, que o Espírito Santo me falava que Deus tinha um sonho para mim. Ele me trazia à memória todo o legado da minha família e o sonho de ver um movimento global de implantação de igrejas, que sairia da Amazônia e iria em direção ao mundo.

Esse incentivo do Espírito enchia meu coração de esperança e meus olhos de lágrimas. Enquanto eu orava sobre isso, de joelhos, pedindo para que Deus me desse coragem para continuar essa missão, eu ouvia o Senhor dizer: "O sonho do seu pai não morreu com ele. Ele vive dentro de você. Eu conto com você, Isaias." Ao final de cada tempo de oração que eu tinha, o Espírito Santo me trazia uma paz que excedia o meu entendimento e uma convicção de que tudo ia ficar bem. O que eu precisava fazer era dar passos de fé rumo ao meu sonho, porque o Senhor honra aqueles que buscam o Reino de Deus em primeiro lugar.

Com a convicção de que Deus era comigo nessa jornada de me tornar um verdadeiro missionário, decidi que, depois que eu me formasse no Ensino Médio, deixaria o Japão e iria para os Estados Unidos estudar teologia e me tornar um pastor. Eu acreditava que, antes de voltar para o Brasil e continuar o trabalho do meu pai, eu precisava ter mais experiência e conhecimento no ministério. Então, logo que terminei meu colegial, fui para a Califórnia estudar. Porém, antes mesmo de completar um semestre na universidade, senti que o Senhor tinha algo diferente para mim.

Deus me fez perceber que a minha formação não deveria começar nas salas de aula, mas no campo missionário. Assim, fui para o Havaí para ser treinado pela fundação missionária Jovens com uma Missão (Jocum), na base de Maui. Lá tudo começou a fazer muito mais sentido do que em meu tempo na Califórnia. Em Maui, aprendi a falar do amor de Jesus e do Evangelho do Reino de Deus de maneira prática e natural. Eu era mentoreado por verdadeiros missionários, pessoas que viviam em completa dependência de Deus. Também tive a oportunidade de conhecer jovens que, assim como eu, estavam dando passos de fé para viver o sonho de dedicar suas vidas ao cumprimento da Grande Comissão. Além disso, tive a honra de participar de duas missões que tinham o desafio de levar o Evangelho para a Indonésia e a Nova Zelândia. Essas experiências mudaram minha vida e me fizeram mais apaixonado por Jesus e pelas pessoas.

Depois desse período, que durou pouco mais de um ano, dei início aos meus estudos para me tornar um especialista em comunicação transcultural. Optei por essa área para que pudesse ter autoridade e sabedoria para me conectar com outras culturas durante as missões e implantações de igrejas. Meu plano era entender cada vez melhor como me comunicar com pessoas de todos os lugares, para poder levar o Reino de Deus de um jeito mais eficaz e assertivo. Eu estava caminhando para ser um missionário e pregar o Evangelho.

Curiosamente, durante todos esses processos de preparação para o ministério, eu nunca havia tido a oportunidade de pregar para uma grande quantidade de pessoas. Eu apenas evangelizava e falava de Jesus individualmente com quem eu conhecia. No "um a um", eu comunicava o Evangelho e ministrava o amor de Cristo às pessoas. Então, mesmo tendo participado de várias missões, estudado muito e contribuído bastante para a salvação de almas, eu ainda tinha muito medo de falar em público. Isso só veio a ser quebrado em minha vida quando já estava de volta ao Brasil, auxiliando meu tio Abe Huber na implementação de igrejas em Fortaleza.

Lembro-me de quando aceitei a "missão impossível" de pregar para centenas de pessoas pela primeira vez. Eu era um dos organizadores de um tradicional retiro da nossa igreja, chamado "Encontro com Deus". Nesse retiro, centenas de pessoas têm, literalmente, um encontro sobrenatural com o Senhor através de poderosas ministrações e dinâmicas que promovem cura, libertação e salvação. No dia em que nos reunimos para organizar o evento, eu estava lá, sentado em meu lugar, e o pastor lançou uma pergunta à equipe: "Gente, preciso de ajuda para ministrar a Palavra do culto pré--encontro? Quem pode conduzir essa palestra?". A pregação deveria durar aproximadamente duas horas e seria ministrada para toda a igreja. Isso era algo muito ousado para mim. Eu jamais me voluntariaria para fazer algo do tipo por ter medo de falar em público. Pelo menos foi o que pensei, até ver que, sem perceber, a minha mão estava levantada.

Até hoje, não sei o que fez com que meu braço se levantasse sozinho. Talvez tenha sido reflexo, um mover do Espírito ou um anjo. Só sei que tudo aconteceu muito rápido. E antes que eu pudesse abaixar o braço, torcendo para que ninguém tivesse me visto, o pastor já havia dito: "Fechado, Isaias. Você levará a palavra. Vamos para o próximo tópico da reunião." Eu sorria para disfarçar meu nervosismo, tentando passar uma imagem de confiante, mas em minha mente eu falava: "NÃO! Foi um erro. Eu não queria levantar o braço!". A reunião terminou, todos os preparativos para o retiro já haviam sido discutidos e o pastor me deu duas semanas para preparar a minha mensagem. Eu não sabia se falava para ele que não queria pregar ou se aceitava o desafio. Eu queria muito desistir, mas o Espírito Santo me incomodava a seguir em frente. Ele me trazia à memória o testemunho de vida do meu pai e o meu desejo de ser como ele. Então, com muita relutância, decidi que iria pregar.

Voltei para casa depois da reunião e comecei a focar no propósito por trás daquela situação: quebrar o medo de falar em público, para que eu pudesse ser um missionário e continuar o legado do meu pai. Assim, tentava não entrar em crise ao montar a pregação. Passei a jejuar e a clamar a Deus para que Ele me usasse para ministrar uma revelação poderosa e me enchesse de ousadia. Confesso que, em muitos momentos ao longo daquelas semanas, eu quase peguei o telefone para dizer ao pastor que eu não conseguiria e que ele precisaria arrumar outra pessoa. O que me impedia todas as vezes era a convicção de que aquela era a oportunidade de viver o sobrenatural de Deus e pregar como meu pai. Eu falava para mim mesmo: "Cara, não desista! O seu Deus é o Deus do impossível. Mesmo que pareça que você não vai conseguir, Ele vai fazer. Tudo é impossível até que alguém tenha coragem de tentar."

Depois de duas semanas agonizantes em oração, combatendo toda ansiedade, eu finalmente estava com a pregação pronta. Era uma mensagem sobre viver radicalmente por Cristo. Chegando no auditório lotado de pessoas, eu fui para o púlpito tremendo e suando frio. Quando peguei o microfone e olhei para a multidão, fechei os olhos e comecei a orar por mim mesmo, na frente das pessoas, pedindo para que o Senhor me usasse como quisesses. A partir daquele momento, algo se rompeu no mundo espiritual. Um milagre aconteceu e eu comecei a pregar com ousadia e alegria. Era como se a atmosfera fosse ficando leve conforme eu contava a minha história e compartilhava a minha revelação.

As pessoas que estavam ali me ouvindo engajaram-se de todas as formas possíveis. Elas riam das minhas piadas, respondiam as minhas perguntas, choravam com os testemunhos e, o mais importante de tudo, entregavam-se a Deus durante a ministração. Foi um dos momentos mais marcantes e sobrenaturais da minha jornada como pregador. A partir daquele dia, eu não duvidei mais do meu chamado e de que Deus poderia me usar para grandes obras. Depois daquele retiro, eu nunca mais abri mão de qualquer convite para pregar, fosse para um auditório lotado ou para uma única pessoa.

Ao olhar para trás e analisar toda a minha caminhada até a grande manifestação de Deus na minha vida como pregador do Evangelho, pude identificar dois elementos essenciais para que eu conseguisse viver um dos propósitos do Senhor para mim: foco e ação. Ao longo da Bíblia, assim como na trajetória de muitos heróis da fé, é quase impossível não encontrar esses princípios norteando a vida e o ministério de homens e mulheres de Deus que fizeram incríveis contribuições para o Seu reino.

Podemos encontrar um ótimo exemplo de alguém que realizou sua missão por meio desses fatores cruciais: Neemias, um grande homem de Deus que foi escolhido para liderar uma obra colossal - restaurar os muros de Jerusalém. Na Bíblia, podemos notar que Neemias era um homem de foco e ação. Ele jamais partia para a conquista de um objetivo sem ter claro o que era prioridade e o que deveria ser feito.

Antes de ser o governador responsável por reconstruir os muros da cidade santa, Neemias era o copeiro do rei persa Artaxerxes I durante o pós-exílio babilônico. Até receber de seu irmão Hanani notícias sobre a condição lamentável da cidade de Jerusalém e suas muralhas, o propósito da vida de Neemias era servir ao rei. Contudo, após tomar conhecimento da trágica situação da capital de Israel, foi tomado por profunda indignação e tristeza. Naquele dia, ele havia encontrado um propósito maior do que seu próprio sucesso no palácio. Agora havia uma causa pela qual estava disposto a morrer. Neemias compreendia que algo precisava ser feito, e alguém tinha de se posicionar para que as muralhas de Jerusalém fossem restauradas, antes que algum inimigo viesse e destruísse a cidade.

O foco de Neemias mudou completamente, deixando de ser sua própria vida para se tornar a vontade de Deus. Essa mudança foi tão radical que ele empenhou sua energia e seu tempo de oração e jejum pelo seu povo por quatro meses, até que Deus lhe deu uma resposta através do rei. Certo dia, o rei Artaxerxes percebeu a tristeza no rosto de Neemias e perguntou-lhe o motivo. Neemias explicou-lhe que estava profundamente abalado porque a cidade de seus pais estava em ruínas. Sobrenaturalmente, o Espírito moveu o rei a lhe conceder permissão para ir e agir como governador da Judeia, levando consigo tudo o que fosse necessário para cumprir a missão de reconstruir os muros de Jerusalém.

> Por isso o rei me perguntou: "Por que o seu rosto parece tão triste, se você não está doente? Essa tristeza só, pode ser do coração!" Com muito medo, eu disse ao rei: "Que o rei viva

para sempre! Como não estaria triste o meu rosto, se a cidade em que estão sepultados os meus pais está em ruínas, e as suas portas foram destruídas pelo fogo?" O rei me disse: "O que você gostaria de pedir?" Então orei ao Deus dos céus, e respondi ao rei: "Se for do agrado do rei e se o seu servo puder contar com a benevolência do rei, que ele me deixe ir à cidade de Judá onde meus pais estão enterrados, para que eu possa reconstruí-la". Então o rei, com a rainha sentada ao seu lado, perguntou-me: "Quanto tempo levará a viagem? Quando você voltará?" Marquei um prazo com o rei, e ele concordou que eu fosse. E a seguir acrescentei: Se for do agrado do rei, que me dê cartas aos governadores do Transeufrates para que me deixem passar até chegar a Judá. Que me dê também uma carta para Asafe, guarda da floresta do rei, para que ele me forneça madeira para as vigas das portas da cidadela que fica junto ao templo, do muro da cidade e da residência que irei ocupar. Visto que a bondosa mão de Deus estava sobre mim, o rei atendeu os meus pedidos. Com isso fui aos governadores do Transeufrates e lhes entreguei as cartas do rei. O rei fez-me acompanhar uma escolta de oficiais do exército e de cavaleiros. (Neemias 2.2-9)

Creio que Neemias sabia que o Senhor responderia suas orações em algum momento, porém acredito que ele não imaginava que Deus faria muito mais do que ele pedira. O rei foi tão bondoso que não apenas lhe deu autorização para ir a Jerusalém reconstruir o muro, como também lhe conferiu autoridade, recursos e segurança. Aqui vemos o poder que existe em dar foco aos propósitos do Reino antes dos nossos e agir para cumpri-los. Ao receber a notícia de que a cidade de seus pais estava em ruínas, Neemias poderia ter ignorado por completo esse fato e voltado à sua rotina normal servindo o rei. Afinal, ele já estava com sua vida garantida no palácio. Por que arriscaria seu futuro para salvar pessoas que ele nunca vira antes ou defender uma cidade que estava em ruínas? Porque ele entendia que aquilo não era a respeito do que era importante para ele, mas sobre o desejo do Deus que ele amava.

Quando Neemias se deu conta de que a cidade do Senhor estava vulnerável, ele percebeu que o propósito da sua vida não era servir ao rei da Pérsia, mas sim ao Rei dos reis. Depois disso, esse grande homem de Deus não apenas foi ao socorro de Jerusalém, como também restaurou os muros em 52 dias, em meio a oposições e muitas batalhas. Mas em toda a sua história, podemos ver que Neemias estava sempre focando na visão que Deus lhe dava e agindo para colocar o que o Senhor falava em prática. Ele discernia o que precisava ser feito e agia imediatamente.

Neemias não perdia tempo com obstáculos ou distrações, ele focava em seu objetivo e o colocava em prática. Existe um pensamento comum de que foco significa apenas dizer "sim" para o que achamos que deve ser prioridade. Mas não é só isso. Foco é saber para o que e para quem dizer "não". Em um mundo hiperconectado como o nosso, é muito mais fácil cair em distrações que nos fazem perder tempo, energia e recursos, mas precisamos dizer "não" para elas se quisermos nos manter na direção certa. A todo momento, temos dezenas de boas ideias, opiniões e formas de entretenimento disputando a nossa atenção. Porém, se desejamos viver o impossível, precisamos ter clareza sobre onde devemos investir o nosso tempo e a nossa vida.

Desde que estabeleci que meu foco era ser um missionário, um pastor e um bom pai, todo o processo de tomada de decisão se tornou mais simples e leve. Comecei a identificar o que era essencial para cumprir minha missão, quais eram as minhas distrações e o que poderia fazer para preservar o meu foco. Realizei um exercício contemplando cada área da minha vida, e isso me ajudou adquirir clareza sobre o que era mais importante para chegar aonde Deus estava me levando. Então passei a não me mover por necessidade ou oportunidade, mas sim por propósito.

Ao final deste capítulo, gostaria de te incentivar a fazer esse mesmo exercício ao lado do Espírito Santo. Tenho certeza de que Ele, como o nosso Ajudador, irá revelar a você o propósito que o Senhor deseja para cada uma das áreas da sua vida descritas abaixo. Dê permissão para que o Espírito confronte o tamanho dos seus sonhos e o ajude a sonhar grande com Ele! Comprometa-se a registrar abaixo não a sua resposta imediata, mas o que o Senhor tem trazido ao seu coração como resposta para cada questão.

ÁREAS	O que é essencial nesta área? (foco)	Qual é a distração?	O que fazer para eliminar a distração?
Espiritual			
Familiar			
Social			
Profissional			
Acadêmica			
Ministerial			
Saúde			
Física			
Saúde emocional			

Uma vez que você completar este exercício, terá o seu foco alinhado para tomar as atitudes necessárias e viver o seu propósito sem distrações.

Neste momento, ore para que o Espírito Santo lhe traga convicção de que o Senhor é com você no cumprimento do seu sonho. Ainda que você não perceba, Deus já está movendo Céus e Terra para que tudo lhe seja favorável. Ele honra os seus passos de fé e te posiciona no lugar certo e na hora certa, assim como fez com Neemias diante do rei. Em nome do Senhor Jesus, declaro que você receberá clareza para discernir as distrações e evitá-las com sabedoria. Declaro que assim como o Senhor foi com Neemias, Ele é com você para reformar a sociedade com uma vida que coloca em primeiro lugar o Reino de Deus. Declaro que todas as suas necessidades serão supridas à medida que você investir sua vida nos propósitos do Senhor. Amém!

OUSE SONHAR GRANDE

CAPÍTULO 6

Em 2009, uma enfermeira australiana chamada Bronnie Ware decidiu acompanhar e entrevistar cerca de 100 pacientes em estado terminal, com objetivo de tentar descobrir quais seriam os maiores arrependimentos de alguém que está à beira da morte. A partir de conversas com os pacientes, Bronnie obteve respostas como: "Meu maior arrependimento é não ter conversado mais sobre meus sentimentos"; "Eu me arrependo de ter trabalhado mais do que eu deveria" e "Meu arrependimento é ter perdido o contato com meus amigos". Entre todos os motivos listados no estudo, houve um que se destacou muito pela grande quantidade de vezes em que foi mencionado: "Eu me arrependo de não ter tido coragem de sonhar e perseguir meus sonhos". Este arrependimento em especial foi identificado por ela como a maior lamentação que alguém pode ter em seu leito de morte. Muito impactada pelas respostas dos pacientes, Bronnie decidiu registrar suas descobertas e observações, o que deu início ao que seria uma incrível obra escrita pela enfermeira a respeito do tema.

As descobertas realizadas nesse experimento foram tão surpreendentes que a inspiraram a publicar um artigo[1], que se tornou um fenômeno mundial na *internet*. A publicação foi lida e compartilhada por mais de oito milhões de pessoas ao redor do mundo. O artigo de Bronnie impactou tantas vidas que mais tarde foi aprofundado e se tornou um livro. Então, o que começou com uma investigação da enfermeira acabou se tornando um *best-seller*, lido e traduzido para o mundo todo. Eu creio que o que justifica o sucesso da obra de Bronnie é a sua capacidade de despertar nos leitores um senso de urgência por viver, ao mostrar que a maior tragédia que alguém pode experimentar não é a morte, mas uma vida sem o propósito de perseguir sonhos.

Antes mesmo de sermos formados no ventre de nossas mães, o Senhor já havia gerado incontáveis sonhos e planos para perseguirmos e cumprirmos (Jeremias 1.5). Ao mesmo tempo que Ele concebe a nossa identidade, dá forma também aos seus propósitos para nós. Deus já formulou diversas possibilidades de sonhos para escolhermos, quando ainda nem

---

[1] WARE, Bronnie. ***Regrets of the dying***. Disponível em *https://bronnieware.com/regrets-of-the-dying/*. Acesso em 16 abr. 2019.

conseguimos pensar ou decidir sobre o que queremos ser ou fazer neste mundo. E o mais surpreendente é que cada sonho de Deus para nós é específico. Todos os planos d'Ele são feitos sob medida para cada um. Ao sonhar com o nosso propósito de vida, Deus já leva em conta nossa personalidade, talentos, dons e gostos. Temos características só nossas, uma vez que somos únicos para o Pai Celestial. O salmo 139 descreve o quanto Deus desenha o nosso futuro de forma minuciosa e especial.

> Os teus olhos me viram a substância ainda informe, e no teu livro foram escritos todos os meus dias, cada um deles escrito e determinado, quando nem um deles havia ainda. Que preciosos para mim, ó Deus, são os teus pensamentos! E como é grande a soma deles! Se os contasse, excedem os grãos de areia; contaria, contaria, sem jamais chegar ao fim. (Salmos 139.16-18 – ARA)

Eu me pergunto por que é que o Senhor se dá ao trabalho de pensar tão detalhadamente em coisas que nem mesmo conhecemos ou pedimos ainda. Eu acho que a resposta é simplesmente porque Ele pode e quer fazer muito mais do que conseguimos imaginar. Ele ama nos surpreender e nos incentivar a crer que, através do Seu poder em nós, teremos uma vida cheia de propósito e livre de arrependimentos ou restrições!

Àquele que é capaz de fazer infinitamente mais do que tudo o que pedimos ou pensamos, de acordo com o seu poder que atua em nós... (Efésios 3.20)

Nós, sozinhos, não conseguimos alcançar, nem mesmo imaginar, a magnitude dos sonhos de Deus, a não ser pelo Seu poder e pela Sua revelação. Um dos motivos pelo qual eu sou apaixonado pela Bíblia é porque ela está cheia de histórias de pessoas comuns, como eu e você, que tinham tudo para viver sem grandes aspirações, mas foram convidadas pelo Senhor a sonhar grande! Vejamos alguns exemplos: Noé foi chamado para salvar a humanidade construindo um barco no deserto (Gênesis 6.9-22); Abraão foi convidado a abençoar todas as nações da Terra através de sua família (Gênesis 12.3), e Sara, sua esposa, foi escolhida para ter um filho que daria continuidade à bênção de Abraão, mesmo sendo idosa e estéril (Gênesis 18.14); Jacó foi desafiado a lutar com Deus para obter uma bênção que mudaria sua identidade (Gênesis 32.24-28); Moisés foi chamado para libertar uma nação da escravidão (Êxodo 3.3-10); Davi era um jovem pastor que foi escolhido por Deus para se tornar rei do Seu povo (1 Samuel 16.12-13); os discípulos de Jesus foram chamados a largar tudo para seguir Cristo (Lucas 5.10-11, 27). As Sagradas Escrituras estão repletas de testemunhos de pessoas que viveram muito mais do que pediram ou imaginaram, porque creram no poder do Senhor.

De todos esses exemplos de pessoas que viveram grandes sonhos existentes na Bíblia, há um em especial que sempre me encoraja a sonhar mais: a história do filho favorito de Jacó, José. Este jovem não foi apenas um sonhador, mas também um visionário, alguém que desenvolveu a habilidade de discernir o propósito de cada sonho que lhe aparecia e, dessa maneira, trazer estratégias celestiais para transformá-lo em realidade. Através de sua trajetória, podemos aprender muito sobre o poder de sonhar com Deus e confiar no processo pelo qual passamos até realizar esses sonhos. A história de José começa no livro de Gênesis, capítulo 37, e, conforme ela se estende, vai nos ensinando como lidar da melhor maneira com os sonhos que Deus nos dá, para que alcancem seu potencial máximo de cumprimento.

> Estas são as gerações de Jacó. Sendo José de dezessete anos, apascentava as ovelhas com seus irmãos; sendo ainda jovem, andava com os filhos de Bila, e com os filhos de Zilpa, mulheres de seu pai; e José trazia más notícias deles a seu pai. E Israel amava a José mais do que a todos os seus filhos, porque era filho da sua velhice; e fez-lhe uma túnica de várias cores. Vendo, pois, seus irmãos que seu pai o amava mais do que a todos eles, odiaram-no, e não podiam falar com ele pacificamente. Teve José um sonho, que contou a seus irmãos; por isso o odiaram ainda mais. E disse-lhes: Ouvi, peço-vos, este sonho, que tenho sonhado: Eis que estávamos atando molhos no meio do campo, e eis que

> o meu molho se levantava, e também ficava em pé, e eis que os vossos molhos o rodeavam, e se inclinavam ao meu molho. Então lhe disseram seus irmãos: Tu, pois, deveras reinarás sobre nós? Tu deveras terás domínio sobre nós? Por isso ainda mais o odiavam por seus sonhos e por suas palavras. E teve José outro sonho, e o contou a seus irmãos, e disse: Eis que tive ainda outro sonho; e eis que o sol, e a lua, e onze estrelas se inclinavam a mim. E contando-o a seu pai e a seus irmãos, repreendeu-o seu pai, e disse-lhe: Que sonho é este que tiveste? Porventura viremos, eu e tua mãe, e teus irmãos, a inclinar-nos perante ti em terra? Seus irmãos, pois, o invejavam; seu pai porém guardava este negócio no seu coração. (Gênesis 37.2-11 – ACF)

José era o preferido de Jacó. Ele era o 11º filho, porém era tratado por seu pai como se fosse o primogênito. Isso acontecia porque o próprio José, antes mesmo de ser um sonhador, era a materialização de um dos maiores sonhos de seu pai. Ele era o primeiro filho de Jacó com Raquel, o amor de sua juventude. Em Gênesis 29, a Bíblia diz que Jacó amou-a tanto que trabalhou 14 anos para tê-la como esposa. O seu sonho era ter filhos com ela e formar uma família. Porém, Raquel era estéril e, até Deus milagrosamente curá-la de sua condição, Jacó teve de gerar filhos através do seu relacionamento com sua outra esposa e suas servas. Por mais que já tivesse uma prole numerosa, Jacó jamais tinha sido plenamente feliz até o nascimento de José e Benjamin, seus filhos com Raquel. A existência do menino, por si só, já era um testemunho da bondade e da fidelidade de Deus na vida do patriarca.

Além de ser muito querido por ser o primeiro filho de seu pai com o amor da vida dele, José era tratado com privilégios porque sempre prestava contas de tudo que seus irmãos faziam de errado. Por melhor que fossem suas intenções, isso o colocava em uma posição de grande "dedo-duro" na família. O tratamento especial que recebia de seu pai, aliado à falta de consideração com seus irmãos mais velhos, fazia de José um adolescente muito imaturo e arrogante. Sua personalidade o tornava alvo de inveja e ódio por parte dos seus irmãos.

Mesmo sabendo de todas as falhas de caráter de José, Deus confiou um sonho a ele. O Senhor o despertou para ser um sonhador mesmo não estando pronto para carregar uma visão. Ele lhe confiou uma revelação que era muito maior do que a sua realidade, para semear em seu coração a visão que tinha para o seu futuro. Porém, apesar de saber que seus sonhos eram especiais, José não buscou discernimento em Deus e agiu por impulso, simplesmente compartilhando--os de forma arrogante com sua família. Ele não foi sábio e dividiu sua visão com as pessoas erradas, da forma errada e no tempo errado. O resultado disso foi repreensão e desaprovação. As pessoas que ele mais amava não deram crédito ao seu sonho, porque era algo que as fazia sentir inferiores.

Muitas vezes, Deus nos dará sonhos tão incríveis que não vão fazer sentido para as pessoas que estão ao nosso redor ou, talvez, nem para nós mesmos no momento em que os recebemos. Por isso, precisamos buscar sabedoria e agir com humildade. Este capítulo da vida de José é uma lição do que não podemos fazer quando Deus nos desperta para sonhar. Por mais que o nosso sonho seja do Senhor e tenha tudo a ver com o nosso propósito, precisamos ser sábios para discernir com quem vamos compartilhá-lo, de que modo e em qual momento de nossas vidas.

Muito de nós nos perdemos na euforia de ver o incrível futuro que nos aguarda e começamos a compartilhar com todo mundo o que Deus disse, achando que somos o centro do universo. Porém, o Senhor e a sua vontade é que são o foco de toda a nossa trajetória. Por isso, Ele é a primeira pessoa com quem devemos conversar a respeito de qualquer sonho que acalentamos em nosso coração. Quando não fazemos isso, damos margem para a imprudência, despertando a inimizade de muitos e criando obstáculos desnecessários para o desenvolvimento do nosso sonho. Cada revelação de Deus que recebemos é uma oportunidade para crescermos em humildade e sabedoria.

Quando Deus dá um sonho a você Ele está te convidando a viver para um propósito que é muito maior do que você mesmo. E para que você caiba dentro desse propósito, precisará investir voluntariamente no crescimento do seu caráter. Caso contrário, poderá se perder como José e acabar sofrendo um bocado ao perseguir seu sonho.

E viram-no de longe e, antes que chegasse a eles, conspiraram contra ele para o matarem. E disseram um ao outro: Eis lá vem o sonhador-mor! Vinde, pois, agora, e matemo-lo, e lancemo-lo numa destas covas, e diremos: Uma fera o comeu; e veremos que será dos seus sonhos. E ouvindo-o Rúben, livrou-o das suas mãos, e disse: Não lhe tiremos a vida. Também lhes disse Rúben: Não derrameis sangue; lançai-o nesta cova, que está no deserto, e não lanceis mãos nele; isto disse para livrá-lo das mãos deles e para torná-lo a seu pai. E aconteceu que, chegando José a seus irmãos, tiraram de José a sua túnica, a túnica de várias cores, que trazia. E tomaram-no, e lançaram-no na cova; porém a cova estava vazia, não havia água nela. Depois assentaram-se a comer pão; e levantaram os seus olhos, e olharam, e eis que uma companhia de ismaelitas vinha de Gileade; e seus camelos traziam especiarias e bálsamo e mirra, e iam levá-los ao Egito. Então Judá disse aos seus irmãos: Que proveito haverá que matemos a nosso irmão e escondamos o seu sangue? Vinde e vendamo-lo a estes ismaelitas, e não seja nossa mão sobre ele; porque ele é nosso irmão, nossa carne. E seus irmãos obedeceram. Passando, pois, os mercadores midianitas, tiraram e alçaram a José da cova, e venderam José por vinte moedas de prata, aos ismaelitas, os quais levaram José ao Egito. (Gênesis 37.18-28 – ACF)

Se não atentarmos para a importância de refinar o nosso caráter, vamos sofrer as consequências. E a culpa disso não será de Deus ou dos sonhos que Ele nos deu, mas da nossa falta de qualificação e imaturidade para andar no propósito certo. Isso foi o que aconteceu com José. Nesse trecho de Gênesis, vemos que suas atitudes egoístas provocaram a profunda ira de seus irmãos, que decidiram jogá-lo em um poço para vendê-lo como escravo. O filho preferido de Jacó foi entregue como um animal, em troca de moedas, pelos seus próprios irmãos aos ismaelitas, que o levaram para o Egito, uma terra que possuía uma cultura completamente diferente da sua.

Depois de dias de viagem, José chega ao Egito sozinho, como um escravo estrangeiro, completamente abalado pela traição de seus irmãos, provavelmente com fome e medo, e preocupado com o que seria de seu futuro. Imagino que seja nessa parte da história que Deus começa a usar a circunstância de José para refinar o seu caráter. Aqui o jovem sonhador passa a experimentar uma mudança radical na sua forma de pensar, através do arrependimento, buscando descobrir, no seu passado, onde foi que ele havia errado com seus irmãos. Aposto que, durante toda a viagem até o Egito, José questionava a Deus por que estava passando por tudo aquilo e como viveria o sonho de ser servido por todos, agora que era um escravo.

Porém, é quando começamos a servir a outras pessoas, contribuindo com seus sonhos, que Deus nos capacita e abençoa para viver os nossos. Ao chegar no Egito, José é vendido, mais uma vez, como escravo pelos ismaelitas para servir na casa de um homem muito poderoso chamado Potifar, o capitão da guarda do faraó. Nesse lugar, José deixa de ser apenas um sonhador para se desenvolver em cultura, política, administração, economia e liderança.

> E José foi levado ao Egito, e Potifar, oficial de Faraó, capitão da guarda, homem egípcio, comprou-o da mão dos ismaelitas que o tinham levado lá. E o SENHOR estava com José, e foi homem próspero; e estava na casa de seu senhor egípcio. Vendo, pois, o seu senhor que o SENHOR estava com ele, e tudo o que fazia o SENHOR prosperava em sua mão, José achou graça em seus olhos, e servia-o; e ele o pôs sobre a sua casa, e entregou na sua mão tudo o que tinha. E aconteceu que, desde que o pusera sobre a sua casa e sobre tudo o que tinha, o Senhor abençoou a casa do egípcio por amor de José; e a bênção do Senhor foi sobre tudo o que tinha, na casa e no campo. E deixou tudo o que tinha na mão de José, de maneira que nada sabia do que estava com ele, a não ser do pão que comia. E José era formoso de porte, e de semblante. (Gênesis 39.1-6 – ACF)

Durante todo esse processo, o Senhor trouxe favor e prosperidade sobre José e seu trabalho, fazendo com que a casa de Potifar também enriquecesse. O capitão da guarda do faraó ficou tão impressionado com a excelência e o favor sobrenatural que havia sobre a vida do jovem hebreu que decidiu colocá-lo como o administrador de toda sua casa e seus recursos. Potifar confiava tanto em José que não se dava ao trabalho de se preocupar com nada, a não ser com sua própria comida. Aos seus olhos, aquele jovem tinha se tornado mais do que um servo, mas um colaborador de seus sonhos, uma pessoa inestimável que merecia ser recompensada com autoridade para produzir mais.

É aqui que vemos um princípio poderoso para o desenvolvimento dos nossos sonhos: a excelência no serviço. Quando nos submetemos às autoridades que o Senhor permitiu que fossem estabelecidas sobre nossas vidas, servindo com excelência e humildade, Deus nos honra aperfeiçoando nosso caráter e talentos. Muitas vezes, passaremos por estações da vida como a de José na casa de Potifar, temporadas de serviço em que nos sentiremos como se estivéssemos trabalhando feito escravos, sem uma visão clara do nosso futuro. Porém, por mais dolorosa e agonizante que essa fase possa parecer, ela é essencial para desenvolver resiliência e um caráter íntegro em nós. Na casa de Jacó, sua zona de conforto, José se tornou um jovem mimado e arrogante, mas na casa de Potifar, um lugar de extremo desconforto e desafio, ele aprendeu a ser um homem humilde, trabalhador e de caráter incorruptível.

> E aconteceu depois destas coisas que a mulher do seu senhor pôs os seus olhos em José, e disse: Deita-te comigo. Porém ele recusou, e disse à mulher do seu senhor: Eis que o meu senhor não sabe do que há em casa comigo, e entregou em minha mão tudo o que tem; Ninguém há maior do que eu nesta casa, e nenhuma coisa me vedou, senão a ti, porquanto tu és sua mulher; como pois faria eu tamanha maldade, e pecaria contra Deus? E aconteceu que falando ela cada dia a José, e não lhe dando ele ouvidos, para deitar-se com ela, e estar com ela, Sucedeu num certo dia que ele veio à casa para fazer seu serviço; e nenhum dos da casa estava ali; E ela lhe pegou pela sua roupa, dizendo: Deita-te comigo. E ele deixou a sua roupa na mão dela, e fugiu, e saiu para fora. (Gênesis 39.7-12 – ACF)

José tinha acesso a tudo que era de Potifar, com exceção, obviamente, da sua esposa. Porém, a mulher de Potifar tinha um desejo intenso por José. A Bíblia diz que ela tentava seduzi-lo todos os dias. No entanto, ele resistia bravamente a essa tentação se ocupando com seus afazeres. Além disso, José sabia que cobiçar a mulher de outro homem era algo muito errado aos olhos de Deus e, por isso, mantinha-se longe dela. Mesmo a esposa de Potifar havendo arquitetado um plano para encontrá-lo a sós e tentar forçá-lo a se deitar com ela, ele provou seu temor a Deus, resistiu à tentação e fugiu daquela situação. Mas apesar de José não ter cometido ato pecaminoso algum contra Deus e seu senhor Potifar, a injustiça o alcançou por conta de um descuido na hora da fuga da mulher de seu mestre. Isso serviu de evidência para que a esposa de Potifar alegasse que ele tentou forçá-la a ter relações com ele.

> E aconteceu que, vendo ela que deixara a sua roupa em sua mão, e fugira para fora, Chamou aos homens de sua casa, e falou-lhes, dizendo: Vede, meu marido trouxe-nos um homem hebreu para escarnecer de nós; veio a mim para deitar-se comigo, e eu gritei com grande voz; E aconteceu que, ouvindo ele que eu levantava a minha voz e gritava, deixou a sua roupa comigo, e fugiu, e saiu para fora. E ela pôs a sua roupa perto de si, até que o seu senhor voltou à sua casa. Então falou-lhe conforme as mesmas palavras, dizendo: Veio a mim o servo hebreu, que nos trouxeste, para escarnecer de mim; E aconteceu que, levantando eu a minha voz e gritando, ele deixou a sua roupa comigo, e fugiu para fora. E aconteceu que, ouvindo o seu senhor as palavras de sua mulher, que lhe falava, dizendo: Conforme a estas mesmas palavras me fez teu servo, a sua ira se acendeu. E o senhor de José o tomou, e o entregou na casa do cárcere, no lugar onde os presos do rei estavam encarcerados; assim esteve ali na casa do cárcere. (Gênesis 39.13-20 – ACF)

A despeito de toda credibilidade e dos frutos de José, Potifar preferiu acreditar na mentira de sua esposa do que na palavra de seu fiel administrador. O chefe da guarda real se sentiu tão ofendido e humilhado que decidiu mandar José para a prisão sem qualquer julgamento.

Mais uma vez, o jovem sonhador experimentou a dor de ser traído por alguém em quem confiava. Pela segunda vez, ele foi lançado em um lugar onde não havia margens para crescer ou sonhar. Imagine só a frustração de José depois de trabalhar tanto para se reerguer e começar a reaver a esperança de um futuro próspero, ao ter tudo que construiu destruído, porque se posicionou de forma a não pecar contra Deus e seu chefe.

Contudo, a Bíblia diz que o Senhor estava com ele durante todo esse processo. Sempre achei essa parte da história muito estranha e injusta. Afinal, se José estava fazendo tudo certo e Deus estava com ele, por que não interviu e o defendeu? Mas o Senhor tinha um propósito para cada estação da vida de seu servo. Mesmo que ele não pudesse enxergar, Deus não o tinha abandonado à sua própria sorte. O Senhor estava utilizando aquela situação gerada pela esposa de Potifar para posicionar José em um lugar onde ele aprenderia ainda mais sobre como ser um grande administrador.

Na casa de Potifar, José aprendeu a servir na abundância. Administrar um sonho quando temos todos os recursos prontos e ao nosso alcance é fácil. O difícil é prosperar na escassez, ser fiel no pouco. A ida de José para a prisão foi algo trágico, porém, ao mesmo tempo, foi uma oportunidade para desenvolver ainda mais o seu caráter e a sua capacidade de ser um visionário em meio a circunstâncias adversas.

O Senhor, porém, estava com José, e estendeu sobre ele a sua benignidade, e deu-lhe graça aos olhos do carcereiro-mor. E o carcereiro-mor entregou na mão de José todos os presos que estavam na casa do cárcere, e ele ordenava tudo o que se fazia ali. E o carcereiro-mor não teve cuidado de nenhuma coisa que estava na mão dele, porquanto o Senhor estava com ele, e tudo o que fazia o Senhor prosperava. (Gênesis 39.21-23 – ACF)

Na prisão, José novamente provou ser um excelente gestor, a ponto de o carcereiro-chefe o nomear como encarregado de tudo, sem se preocupar com nada que colocava aos seus cuidados. Ao longo de sua estadia no cárcere, Deus não só desenvolveu sua liderança, mas também voltou a trabalhar em algo que parecia ter-se perdido quando José iniciou a sua difícil jornada para fora da casa de seu pai: a revelação por meio de sonhos. A imaturidade e arrogância de José o levaram a fazer mau uso desse dom recebido de Deus quando jovem, mas o Senhor não desiste do propósito para o qual Ele quer nos usar, nem dos talentos que quer desenvolver em nós. Agora, depois de José ter seu caráter trabalhado, Deus via uma oportunidade de retomar o plano de ensiná-lo a fluir na revelação e na interpretação de sonhos dados por Ele.

Enquanto José passava seus dias encarcerado, Deus havia planejado abrir janelas de oportunidade para que ele não só provasse e desenvolvesse seu talento como intérprete de sonhos, mas também para que conseguisse sair daquela situação em que estava. Quando o padeiro e o copeiro do rei do Egito foram enviados ao cárcere, e passaram a noite tendo sonhos perturbadores, José se moveu em compaixão por eles e tentou trazer sentido para seus sonhos. Ele se ofereceu para escutar o sonho de cada um dos prisioneiros e depois compartilhou o que tinha interpretado com base naquilo que Deus havia lhe revelado.

> E veio José a eles pela manhã, e olhou para eles, e viu que estavam perturbados. Então perguntou aos oficiais de Faraó, que com ele estavam no cárcere da casa de seu senhor, dizendo: Por que estão hoje tristes os vossos semblantes? E eles lhe disseram: Tivemos um sonho, e ninguém há que o interprete. E José disse-lhes: Não são de Deus as interpretações? Contai-mo, peço-vos. Então contou o copeiro-mor o seu sonho a José, e disse-lhe: Eis que em meu sonho havia uma vide diante da minha face. E na vide três sarmentos, e brotando ela, a sua flor saía, e os seus cachos amadureciam em uvas; E o copo de Faraó estava na minha mão, e eu tomava as uvas, e as espremia no copo de Faraó, e dava o copo na mão de Faraó. Então disse-lhe José: Esta é a sua interpretação: Os três sarmentos são três dias; Dentro ainda de três dias Faraó levantará a tua cabeça, e te restaurará ao teu estado, e darás o copo de Faraó na sua mão, conforme o costume antigo, quando eras seu copeiro. Porém lembra-te de mim, quando te for bem; e rogo-te que uses comigo de compaixão, e que faças menção de mim a Faraó, e faze-me sair desta casa; (Gênesis 40.6-14 – AFC)

José pediu ao copeiro que, uma vez que voltasse para o palácio, se lembrasse de sua ajuda na prisão e o auxiliasse a sair do cárcere, porque, assim como ele, o hebreu também tinha sido preso injustamente. O copeiro concordou em falar de José no palácio. Passados os três dias, tudo que José disse que aconteceria em suas interpretações proféticas, de fato, aconteceu, mostrando que o Senhor é quem pode dar o sentido certo aos nossos sonhos.

Assim como José, independentemente da forma como recebemos um sonho, nós sempre devemos apresentá-lo diante de Deus e pedir a Ele pela interpretação. Devemos nos posicionar em humildade para buscar em oração o significado daquilo que o Senhor nos revelou. A intenção de José era trazer paz ao copeiro e ao padeiro do rei por meio de sua ajuda ao interpretar os sonhos deles, porém ele não buscou a resposta no seu próprio entendimento, mas no Senhor, mesmo sabendo que isso significaria revelar um destino trágico a um deles.

> Vendo então o padeiro-mor que tinha interpretado bem, disse a José: Eu também sonhei, e eis que três cestos brancos estavam sobre a minha cabeça; E no cesto mais alto havia de todos os manjares de Faraó, obra de padeiro; e as aves o comiam do cesto, de sobre a minha cabeça. Então respondeu José, e disse: Esta é a sua interpretação: Os três cestos são três dias; Dentro ainda de três dias Faraó tirará a tua cabeça e te

pendurará num pau, e as aves comerão a tua carne de sobre ti. (Gênesis 40.18-19 – ACF)

Após os dois servos do rei saírem da prisão, cada um com o seu destino, passaram-se dois anos até que o copeiro – que havia sobrevivido como previra José – cumprisse sua promessa de ajudar a tirá-lo do cárcere. José fez sua parte e ajudou ao próximo, porém este esqueceu-se de seu compromisso por todo esse tempo, até que o faraó começou a ter sonhos perturbadores que não saíam de sua mente. Nesse momento, o copeiro lembrou-se de José na prisão e decidiu compartilhar o seu testemunho com o rei do Egito, para que ele desse uma oportunidade a seu amigo prisioneiro de trazer a revelação para aqueles sonhos. Então, José foi chamado para ir até o palácio do faraó e ajudá-lo a ter clareza sobre sonhos que ninguém era capaz de interpretar.

> Então mandou Faraó chamar a José, e o fizeram sair logo do cárcere; e barbeou-se e mudou as suas roupas e apresentou-se a Faraó. E Faraó disse a José: Eu tive um sonho, e ninguém há que o interprete; mas de ti ouvi dizer que quando ouves um sonho o interpretas. E respondeu José a Faraó, dizendo: Isso não está em mim; Deus dará resposta de paz a Faraó. Então disse Faraó a José: Eis que em meu sonho estava eu em pé na margem do rio, E eis que subiam do rio sete vacas gordas de carne e formosas à vista, e pastavam no prado. E eis que outras sete vacas subiam após estas, muito feias à vista e magras de carne; não tenho visto outras tais, quanto

à fealdade, em toda a terra do Egito. E as vacas magras e feias comiam as primeiras sete vacas gordas; E entravam em suas entranhas, mas não se conhecia que houvessem entrado; porque o seu parecer era feio como no princípio. Então acordei. Depois vi em meu sonho, e eis que de um mesmo pé subiam sete espigas cheias e boas; E eis que sete espigas secas, miúdas e queimadas do vento oriental, brotavam após elas. E as sete espigas miúdas devoravam as sete espigas boas. E eu contei isso aos magos, mas ninguém houve que mo interpretasse. Então disse José a Faraó: O sonho de Faraó é um só; o que Deus há de fazer, mostrou-o a Faraó. As sete vacas formosas são sete anos, as sete espigas formosas também são sete anos, o sonho é um só. E as sete vacas feias à vista e magras, que subiam depois delas, são sete anos, e as sete espigas miúdas e queimadas do vento oriental, serão sete anos de fome. Esta é a palavra que tenho dito a Faraó; o que Deus há de fazer, mostrou-o a Faraó. E eis que vêm sete anos, e haverá grande fartura em toda a terra do Egito. E depois deles levantar-se-ão sete anos de fome, e toda aquela fartura será esquecida na terra do Egito, e a fome consumirá a terra; E não será conhecida a abundância na terra, por causa daquela fome que haverá depois; porquanto será gravíssima. E que o sonho foi repetido duas vezes a Faraó, é porque esta coisa é determinada por Deus, e Deus se apressa em fazê-la. Portanto, Faraó previna-se agora de um homem entendido e sábio, e o ponha sobre a terra do Egito. Faça isso Faraó e ponha governadores sobre a terra, e tome a quinta parte da terra do Egito nos sete anos de fartura, E ajuntem toda a comida destes bons anos, que vêm, e amontoem o trigo debaixo da mão de Faraó, para mantimento nas cidades, e o guardem. Assim será o mantimento para provimento da terra, para os sete anos de fome, que haverá na terra do Egito; para que a terra não pereça de fome. E esta palavra foi boa aos olhos de Faraó, e aos olhos de todos os seus servos. (Gênesis 41.14-37 – AFC)

Nesse ponto da história, vemos o Senhor abrir mais uma janela de oportunidade para José provar a si mesmo e utilizar seu dom de interpretação de sonhos. Ele ouviu do faraó o que havia sido sonhado e trouxe a interpretação correta, deixando-o impressionado com seu talento. O rei do Egito não foi apenas convencido de que José tinha entendimento, mas também de que tinha consigo o Espírito de Deus.

No entanto, os propósitos de Deus para José iam além de apenas cumprir com excelência o que lhe havia sido ordenado naquele momento, mas também que ele colocasse em prática tudo o que aprendera na casa de Potifar e na prisão sobre trabalho e gestão. Isto é, trazer estratégias de Deus acerca do futuro do Egito. O sonho de faraó era uma visão do que aconteceria com a nação nos próximos anos: sete anos de fartura e sete anos de fome. Mas qual era o propósito do Senhor ao revelar aquela situação ao rei do Egito e levar José até ali para fazer parte daquele momento em que uma solução prática se tornaria tão necessária?

O governante egípcio tinha agora a informação sobre o futuro de seu país, mas, ainda assim, precisava de alguém talentoso e capacitado, com habilidades em liderança, administração e economia, para transformar o conhecimento da situação em uma estratégia para resolvê-la. Essa pessoa era José, que estava posicionado no lugar certo, no tempo certo e extremamente preparado para assumir essa responsabilidade. Então, José foi percebido como um homem de alto valor, porque conseguia compreender os propósitos do coração de Deus por meio de seu relacionamento com Ele, e possuía as habilidades certas para o sucesso da tarefa. À vista disso, o faraó concluiu que não havia ninguém no Egito mais capaz do que aquele estrangeiro. Então, José saiu da prisão para o palácio, para se tornar o governador do Egito, sendo a maior autoridade do país depois do rei.

O tempo passou e os acontecimentos que José predisse se cumpriram. Durante os sete anos de fartura, ele organizou o povo do Egito, ajuntou alimentos e os colocou em celeiros, executando com sabedoria os planos que Deus revelara através da interpretação dos sonhos do faraó. Então, quando vieram os sete anos de fome, ele fez a nação egípcia prosperar em meio à escassez de alimentos que se instalava no mundo. Enquanto outras nações morriam, o Egito tinha abundância de recursos a ponto de poder vender a outros povos.

Então, quando a fome mundial atingiu a família de José em Canaã, Jacó ficou sabendo que havia mantimentos no Egito e enviou seus filhos àquela terra para comprar os suprimentos necessários. Porém, apenas dez dos onze irmãos de José foram à terra de faraó, os mesmos dez que o haviam traído há muitos anos. Com medo de perder seu filho mais novo, Jacó não enviou Benjamim, o menino que tinha nascido depois da partida forçada de seu irmão e, por isso, não fazia ideia da conspiração feita pelos outros filhos de seu pai contra José. Então os dez filhos mais velhos saíram à procura de alimentos na nação que mais prosperava no mundo.

Enquanto os seus irmãos partiam em busca de uma solução para a fome, o injustiçado e traído filho de Jacó era agora o governador de todo o Egito, e responsável por vender as porções de alimento aos povos. Logo, ao chegarem à terra para a qual foram comprar mantimentos, automaticamente os irmãos se dirigiram a José e se prostraram diante de seus pés, sem nem saber quem ele era. José lembrou-se do sonho que tivera quando ainda era um adolescente (em que as espigas de trigo e os astros se prostravam diante dele). Mas os irmãos não o reconheceram.

Naquele dia, vendo o sonho que Deus havia entregado a ele há tantos anos se realizar, José se deu conta de que tudo o que ele vivenciou tinha contribuído para que pudesse estar naquela posição. Mediante essa compreensão do propósito de Deus para a sua vida e do processo pelo qual passara até chegar ali, decidiu perdoar seus irmãos, esquecer o passado e estender o seu sonho para abençoar suas vidas e muitas outras.

Então desceram os dez irmãos de José, para comprarem trigo no Egito. A Benjamim, porém, irmão de José, não enviou Jacó com os seus irmãos, porque dizia: Para que lhe não suceda, porventura, algum desastre. Assim, entre os que iam lá foram os filhos de Israel para comprar, porque havia fome na terra de Canaã. José, pois, era o governador daquela terra; ele vendia a todo o povo da terra; e os irmãos de José chegaram e inclinaram-se a ele, com o rosto em terra. E José, vendo os seus irmãos, conheceu-os; porém mostrou-se estranho para com eles, e falou-lhes asperamente, e disse-lhes: De onde vindes? E eles disseram: Da terra de Canaã, para comprarmos mantimento. José, pois, conheceu os seus irmãos; mas eles não o conheceram. Então José lembrou-se dos sonhos que havia tido [...] E disse José a seus irmãos: Peço-vos, chegai--vos a mim. E chegaram-se; então disse ele: Eu sou José vosso irmão, a quem vendestes para o Egito. Agora, pois, não vos entristeçais, nem vos pese aos vossos olhos por me haverdes vendido para cá; porque para conservação da vida, Deus me enviou adiante de vós. (Gênesis 42.3-9; 45.4-5 – ACF)

Ao perdoar seus irmãos e permitir que eles compartilhassem da sua honra, José encerrou seu passado e passou a viver plenamente o propósito que Deus estabelecera para ele. Então, compreendeu que de nada valia o seu sonho se ele não pudesse ser usado para abençoar sua família e as outras nações. Ao final de toda a história de José, vemos que Deus transformou um adolescente imaturo e arrogante em um grande sonhador, capaz de fazer prosperar seus sonhos e os de outras pessoas, por confiar plenamente em Deus.

O sonho de José lhe deu a oportunidade se reconciliar com sua família, salvar muitas nações da fome e, mais importante que isso, servir a um propósito muito maior do que ele poderia imaginar. Ao ajudar sua família, José garantiu que seu irmão Judá fosse salvo da morte, dando a este a oportunidade de proteger a linhagem de Jesus Cristo, pois dos descendentes de Judá, veio o nosso Salvador (Mateus 1.1-16).

O sonho de José aos 17 anos era apenas uma pequena parte do plano de Deus. José não tinha a mínima noção de que o propósito do Senhor para Ele não era simplesmente ser o maior herdeiro da sua família ou o governador do Egito, mas contribuir para a vinda do Messias na Terra. Acredito que nem mesmo em seus sonhos mais loucos ele seria capaz de imaginar como a sua vida era importante para o futuro da humanidade. O sonho que Deus tem para nós carrega um propósito eterno que é muito maior do que podemos pedir ou imaginar. O Senhor deseja que cada um de nós aprenda a ser um sonhador como José, uma pessoa que serve ao próximo e vai além de seus próprios sonhos para abençoar e levar muitos à salvação.

ESCUDEIRO FIEL

CAPÍTULO 7

Conforme falamos no capítulo anterior, uma das formas mais efetivas de nos prepararmos para viver os sonhos que Deus tem para nós é servindo a um líder em seus sonhos e projetos. Ao investirmos nosso tempo, recursos e talentos no sonho de outra pessoa, temos a oportunidade de acelerar a nossa própria jornada de desenvolvimento, com ajuda de líderes mais experientes e sábios do que nós. E essas pessoas, por sua vez, retribuem nosso investimento compartilhando de sua autoridade, sabedoria, unção, técnica e até mesmo de seus recursos.

Este processo de se submeter à visão de alguém mais maduro espiritualmente é algo pelo qual todo cristão que realmente deseja viver pelo Evangelho precisa passar. Colocar-se debaixo da autoridade de um líder e servi-lo é um princípio bíblico que desenvolve nosso caráter, nossa visão e inúmeros aspectos da nossa vida (espiritual, emocional, social, profissional, intelectual, etc.). Cada tarefa e desafio proposto por nossos líderes colabora, direta ou indiretamente, para cumprirmos os alvos de Deus para nós.

Ao longo das Escrituras, podemos identificar muitos exemplos de pessoas que, ao servirem a uma autoridade, de alguma forma, foram capacitadas para viverem os seus chamados: José serviu ao faraó e se tornou governador do Egito (Gênesis 41.38-46); Josué foi auxiliar de Moisés e acabou sendo o líder que conduziu os israelitas à terra prometida (Deuteronômio 31.1-8); Davi trabalhou no palácio para o rei Saul até se tornar um comandante militar e, mais tarde, rei de Israel (2 Samuel 5.1-5); Eliseu acompanhou o profeta Elias e obteve a porção dobrada de sua unção (2 Reis 2.9-14); os discípulos seguiam a Jesus e foram investidos de autoridade e poder para mudar o mundo (Mateus 28.16-20; Atos 4.33).

O próprio Jesus destacou a importância de se submeter a outros para crescer ao afirmar que quem quiser se tornar importante no Reino deve servir, e quem quiser ser o primeiro deverá ser o servo de todos, assim como Ele fez (Marcos 10.43-45). Se o Rei dos reis se colocou como servo de todos, quem somos nós para não fazê-lo?

Por meio do serviço, somos radicalmente transformados à imagem e semelhança de Cristo, ao mesmo tempo em que estamos contribuindo para impactar a vida das pessoas à nossa volta. Submeter-se a esse processo faz parte da jornada de todo cristão para viver o Evangelho e os sonhos de Deus. Por isso, é essencial cultivar um coração que está disposto a servir aos líderes e à sociedade, um coração de servo.

Em 1 Samuel 14, temos uma história que ilustra muito bem o que seria uma pessoa com o coração de servo e o poder que existe quando um líder e um liderado trabalham em harmonia em prol de uma visão.

Certo dia, Jônatas, filho de Saul, disse ao seu jovem escudeiro: "Vamos ao destacamento filisteu, do outro lado". Ele, porém, não contou isto a seu pai. Saul estava sentado debaixo de uma romãzeira na fronteira de Gibeá, em Migrom. Com ele estavam uns seiscentos soldados, entre os quais Aías, que levava o colete sacerdotal. Ele era filho de Aitube, irmão de Icabode, filho de Finéias e neto de Eli, o sacerdote do Senhor em Siló. Ninguém sabia que Jônatas havia saído. Em cada lado do desfiladeiro que Jônatas pretendia atravessar para chegar ao destacamento filisteu, havia um penhasco íngreme; um se chamava Bozez; o outro, Sené. Havia um penhasco ao norte, na direção de Micmás, e outro ao sul, na direção de Geba. E Jônatas disse a seu escudeiro: "Vamos ao destacamento daqueles incircuncisos. Talvez o Senhor aja em nosso favor, pois nada pode impedir o Senhor de salvar, seja com muitos ou com poucos". Disse seu escudeiro: "Faze tudo o que tiveres em mente; eu irei contigo". Jônatas disse: "Venha, vamos atravessar na direção dos soldados e deixaremos que nos avistem. Se nos disserem: 'Esperem aí até que cheguemos perto', ficaremos onde estivermos e não avançaremos. Mas, se disserem: 'Subam até aqui', subiremos, pois este será um sinal para nós de que o Senhor os entregou em nossas mãos". Então os dois se deixaram ver pelo destacamento dos filisteus, que disseram: "Vejam, os hebreus estão saindo dos buracos onde estavam escondidos". E gritaram para Jônatas e seu escudeiro: "Subam até aqui e lhes daremos uma lição". Diante disso, Jônatas disse a seu escudeiro: "Siga-me; o Senhor os entregou nas mãos de Israel". Jônatas escalou, usando as mãos e os pés, e o escudeiro foi logo atrás. Jônatas começou a derrubá-los, e seu escudeiro, logo atrás dele, os matava. Naquele primeiro ataque, Jônatas e seu escudeiro mataram cerca de vinte homens numa pequena área de terra. Então caiu terror sobre todo o exército, tanto sobre os que estavam no acampamento e no campo, como sobre os que estavam nos destacamentos e até mesmo nas tropas de ataque. O chão tremeu e houve um pânico terrível. (1 Samuel 14.1-15)

Esta é uma das passagens do Antigo Testamento que mais me inspiram tanto como um líder quanto como um liderado. O que mais me chama atenção nela é o nível de comprometimento e entrega do escudeiro do príncipe Jônatas. Na Antiguidade, os escudeiros eram jovens guerreiros em treinamento que atuavam como ajudantes de líderes militares para auxiliá-los em batalhas e viagens. Esses jovens eram escolhidos a dedo entre os soldados valentes pelas suas habilidades em batalha e pela sua devoção à nação. A relação estabelecida entre um escudeiro e seu líder era de extrema confiança, podendo ser comparada à dinâmica de um discipulado, no qual o discípulo se dedica ativamente a servir a seu discipulador em sua visão com o intuito de aprender o que ele sabe.

Nesse relato, vemos que Jônatas, como um grande estrategista militar e líder visionário, identificou uma oportunidade para atacar os inimigos de Israel. Contudo, ele também percebeu que, para aproveitar essa oportunidade a tempo, não poderia esperar pela ajuda do exército do seu pai. Ele teria de apostar tudo que tinha na estratégia que Deus lhe confiasse e no apoio do seu escudeiro.

Para cumprir essa missão, não poderia haver espaço para falta de compromisso ou incredulidade. Se Jônatas e seu escudeiro não estivessem confiantes um no outro e no Senhor, ambos seriam abatidos em batalha e toda a nação de Israel lamentaria a morte do príncipe. A investida contra o destacamento era uma aposta de tudo ou nada, vida ou morte, um momento *all-in*.

Graças a Deus, Jônatas tinha consigo um escudeiro fiel, um liderado com um coração de servo, alguém que estava disposto a dar a própria vida pelo reino de Israel e pelo filho do rei. Mesmo diante dos perigos de andarem por desfiladeiros ou da ameaça de serem capturados, torturados e mortos pelos filisteus, esse jovem confiou na visão de seu líder e na fidelidade do Senhor dos Exércitos. Jônatas dizia: "nada pode impedir o Senhor de salvar, seja com muitos ou com poucos" (1 Samuel 14.6). Em resposta, o escudeiro dizia: "Faze tudo o que tiveres em mente; eu irei contigo". E por conta dessa confiança mútua, ambos experimentaram uma manifestação sobrenatural de Deus para derrotar seus inimigos. Tanto o líder como o liderado partilharam de uma vitória que os levou, e ao exército de Israel, para um novo nível de ousadia, autoridade e fé.

Depois de derrotarem vinte homens sozinhos, o Senhor fez com que o exército inimigo fosse tomado por um grande terror, que foi intensificado devido à ocorrência de um terremoto sobrenatural, levando os soldados filisteus a lutarem contra si mesmos. Isso fez com que todo o exército de Israel fosse cheio de coragem para conquistar a vitória (1 Samuel 14.20-23).

Toda uma nação foi cheia de ousadia para derrotar seus inimigos, porque um líder e um servo creram na palavra de Deus e foram fiéis em cumpri-la juntos. Nós nunca saberemos realmente o que aconteceu ao escudeiro de Jônatas, pois ele não é mencionado novamente nas Escrituras, porém creio que esse jovem guerreiro tenha sido recompensado por sua fidelidade e coragem em batalha. Ele provavelmente foi reconhecido como um herói entre seus pares e promovido a um cargo de liderança para viver uma nova fase em sua vida e carreira no exército.

O Senhor está à procura de mais pessoas com um coração como o do escudeiro fiel, homens e mulheres que estejam dispostos a arriscar suas vidas para servir ao Reino dos Céus e a Cristo, assim como esse jovem serviu ao reino de Israel e ao príncipe Jônatas. Neste capítulo, discorreremos a respeito de cinco atitudes essenciais que podemos adotar para desenvolver um coração de servo enquanto nos submetemos às nossas lideranças:

HONRE A SUA LIDERANÇA

> Deem a cada um o que lhe é devido: Se imposto, imposto; se tributo, tributo; se temor, temor; se honra, honra. (Romanos 13.7)

O primeiro passo para sermos bons escudeiros está em reconhecer e honrar a nossa liderança. Para isso, é preciso exaltar, apreciar, admirar, amar e identificar o que ela carrega de valioso. Dar honra a alguém significa estimar, valorizar e respeitar tal pessoa, não necessariamente pelo cargo que ela possui, mas por quem ela é e por sua história. Em primeiro lugar, devemos honrar a Deus, porque Ele é digno (1 Timóteo 1.17). Porém, a Bíblia também diz que precisamos fazer o mesmo por outras pessoas. Um dos mandamentos de Deus nos orienta a honrar os nossos pais, pois, ao fazermos isso, recebemos vida (Êxodo 20.12). Além disso, devemos apoiar os nossos líderes, que foram escolhidos por Deus para nos ajudarem em nossa caminhada com Ele (1 Timóteo 5.17).

Além de ser uma ordenança divina, um líder também é digno de ser honrado porque constantemente está pagando o preço para viver pelo Evangelho. Não conheço ninguém que tenha chegado à liderança sem fazer sacrifícios. Essas pessoas abriram mão de algo custoso para se dedicarem aos sonhos de Deus, seja atuando no ministério ou em outros tipos de carreira que contribuem para a expansão do Reino dos Céus. Devemos honrar cada "sim" que os nossos líderes deram à perfeita vontade do Senhor amando e servindo a esses homens e mulheres que frequentemente estão na linha de frente da luta para estabelecer o Reino de Deus na Terra.

Aqui estão algumas formas práticas que podemos adotar para sermos escudeiros que honram nossos líderes:

- **Honre seus líderes com palavras:** Sempre que possível, traga encorajamento e afirmação para seus líderes através de palavras e frases que os valorizam. Suscite qualidades que você admira e que atestam o quão importantes eles são para sua vida. Assim como o escudeiro de Jônatas, não deixe de reafirmar seu compromisso com eles em momentos cruciais através de frases como: "conta comigo", "confio em você" e "vou te seguir".

- **Presenteie seus líderes:** Vá além de palavras! Planeje-se para presentear seus líderes com algo que comunique o quanto você os admira e os ama. Não espere uma ocasião especial, qualquer hora é hora de honrar.

- **Defenda seus líderes:** Jamais permita que disseminem comentários maldosos ou fofocas a respeito de sua liderança. Seja a pessoa que se levanta para defender a honra dos seus líderes quando eles não estiverem presentes. Por ser um liderado, você tem autoridade para combater qualquer forma de difamação, calúnia ou injúria contra aqueles que estão te discipulando, testemunhando a verdade sobre quem eles são.

- **Ore por seus líderes:** A oração é a nossa maior expressão de amor e honra por alguém. Quando dobramos nossos joelhos por nossos líderes e suas famílias, estamos nos posicionando para protegê-los e honrá-los no mundo espiritual.

DESENVOLVA INTIMIDADE COM SUA LIDERANÇA

Jesus sabia que o Pai havia colocado todas as coisas debaixo do seu poder, e que viera de Deus e estava voltando para Deus; assim, levantou-se da mesa, tirou sua capa e colocou uma toalha em volta da cintura. Depois disso, derramou água numa bacia e começou a lavar os pés dos seus discípulos, enxugando-os com a toalha que estava em sua cintura. Chegou-se a Simão Pedro, que lhe disse: "Senhor, vais lavar os meus pés?" Respondeu Jesus: "Você não compreende agora o que estou lhe fazendo; mais tarde, porém, entenderá". Disse Pedro: "Não; nunca lavarás os meus pés". Jesus respondeu: "Se eu não os lavar, você não terá parte comigo". Respondeu Simão Pedro: "Então, Senhor, não apenas os meus pés, mas também as minhas mãos e a minha cabeça!" (João 13.3-9)

Para servir nossos líderes com excelência, precisamos estar conectados com eles. A melhor maneira de criarmos uma ligação forte e duradoura é sendo vulneráveis e confiando em nossa liderança, permitindo que nos conheça como realmente somos. E quando digo conhecer, não é apenas compartilhar as coisas boas a nosso respeito, é dividir, principalmente, aquilo de que temos vergonha e desejamos esconder. Não permita que nenhum pecado ou medo fique encoberto. Antes, deixe que seu líder seja íntimo para lavar seus pés, assim como Jesus fez com os discípulos, e retirar as sujeiras do lamaçal do pecado. Afinal, como os nossos líderes poderão nos ajudar se nós não compartilharmos com eles nossas dificuldades, dúvidas, agonias, insatisfações e falhas? É necessário darmos abertura para que eles nos aperfeiçoem em amor.

Além disso, a nossa vulnerabilidade para com os líderes demonstra que valorizamos sua sabedoria e até mesmo que confiamos em seu amor por nós.

Quando não nos abrimos para essas pessoas a quem Deus deu autoridade sobre nossa vida, damos margem para más interpretações de atitudes e palavras da nossa parte e da deles, abalando o amor com que o Senhor uniu os discípulos a seus discipuladores. A confiança se constrói a partir da clareza com que conseguimos transmitir a forma como nos sentimos, alinhando as expectativas e expondo os medos. Por isso, é importante a comunicação com transparência.

Outra grande vantagem de se cultivar intimidade com seu líder é poder contar com alguém mais experiente e maduro espiritualmente para ajudá-lo em situações que você não sabe como lidar. Permitir que um discipulador nos auxilie em áreas em que temos dúvidas ou estamos falhando é o melhor caminho para o nosso desenvolvimento pessoal e espiritual, além de contribuir bastante com a construção de um relacionamento sólido com essa pessoa.

Dentro desse contexto de intimidade, há menos coisas que nossos líderes terão de adivinhar sobre nós. Com isso, será mais difícil eles errarem conosco ou demorarem para entender em que precisamos de ajuda. Isso certamente abrirá caminho para que eles realmente nos deem suporte em mais áreas da nossa vida. Ou seja, a comunicação honesta com a nossa liderança é essencial para um discipulado mais assertivo, que nos desenvolve e transforma o nosso caráter.

NÃO DEIXE O ORGULHO ATRAPALHAR

O orgulho do homem o humilha, mas o de espírito humilde obtém honra. (Provérbios 29.23)

O coração de servo é um coração humilde que abomina o orgulho. A Bíblia diz que este é um pecado que nos faz ter uma noção equivocada sobre nós mesmos e sobre o próximo. Uma pessoa orgulhosa se sente superior às outras e as despreza, inclusive aos líderes. Quando o orgulho é levado ao extremo, ela tende a achar que não precisa de ninguém, nem mesmo de Deus, para alcançar seus objetivos. Este pecado distorce a visão do indivíduo e o transforma no seu próprio ídolo. Então, o orgulhoso acaba se tornando cego, e não vê que está prejudicando a si mesmo, porque se acha invencível e autossuficiente.

Para não cair no orgulho, é necessário compreender que ninguém é superior a ninguém (Romanos 12.16), uma vez que todos somos pecadores e passíveis de cometer erros. No entanto, isso não significa ter baixa autoestima ou se sentir inferior a outras pessoas. Essa visão de si mesmo é, na verdade, outra forma de orgulho, pois demonstra a falta de confiança no amor de Deus por nós da forma como somos.

Começamos a ficar insatisfeitos conosco quando colocamos as expectativas em nosso potencial e capacidades, e não no que Deus diz a respeito de nós.

A verdadeira humildade é ter consciência de quem somos em Deus. Um coração humilde sabe que todos somos iguais e, ao mesmo tempo, únicos diante do Senhor. Por isso, reconhece o valor de cada um e não vê problema em servir a outros. O humilde não vê a Deus e o próximo como um meio para conseguir o que quer, mas sim deseja obedecer ao Senhor e ajudar as pessoas, mesmo quando isso significa se dedicar a uma tarefa humilhante ou a um líder que aparenta não ser tão capacitado como esperamos.

Eu mesmo tive de aprender a vencer o orgulho quando voltei para o Brasil, após muitos anos morando nos Estados Unidos. Logo depois que eu me formei como mestre em Comunicação Transcultural, eu senti um chamado de Deus para voltar a Santarém e servir ao ministério fundado pela minha família. Sem querer me aproveitar de qualquer tipo de privilégio, decidi começar como um membro comum. Abri um pequeno grupo em uma casa e comecei a presidir uma reunião sob a liderança do meu irmão mais velho, Josias, cuja função era supervisionar pequenos grupos na igreja.

Acontece que, desde muito jovens, meu irmão e eu tínhamos a mania de competir em tudo. Queríamos saber quem corria mais rápido, quem pulava mais alto, quem comia mais, quem era mais inteligente, etc. Porém, com o passar dos anos, Josias havia deixado a competição de lado e se tornado um homem humilde. Enquanto eu, mesmo depois de muito tempo longe, ainda me via fazendo comparações com ele para tentar me sentir melhor sobre mim mesmo.

Certo dia, Josias decidiu visitar a minha célula para supervisionar a minha liderança. Quando ele chegou, comecei a fazer algo bem triste: tratá-lo como se ele fosse um visitante que estivesse atrapalhando aquela reunião. Eu sequer o apresentei ao meu grupo como meu líder ou irmão. Disse apenas: "Este aqui é o Josias, gente! Agora vamos para a palavra de hoje". Fiz questão de ignorá-lo durante todo o encontro para mostrar que eu mandava ali, e não ele, mesmo sendo o meu supervisor. Semanas depois, tivemos outra visita do Josias no pequeno grupo, e eu o destratei da mesma forma. Eu não percebi, mas o meu orgulho estava me impedindo de honrar meu líder, mesmo ele colaborando para o meu grupo dar frutos.

No dia seguinte à última visita do meu irmão, na segunda semana, cheguei em casa e o Espírito Santo me trouxe à memória a forma como eu o havia desonrado. Naquele momento, comecei chorar muito e a pedir perdão a Deus pelo meu orgulho. Eu sentia tanta tristeza por ter me comportado de forma orgulhosa que não conseguia dormir. Eu queria que a noite passasse logo para que eu pudesse ir até a casa do Josias para lhe pedir perdão.

Na manhã seguinte, ao bater na sua porta, ele abriu com cara de surpresa. Não dei tempo nem para ele dizer bom dia, já comecei a chorar e falar o que tinha em meu coração: "Josias, me perdoe, meu irmão. Eu te desonrei como meu líder". Expliquei que Deus havia me feito perceber que eu o estava tratando muito mal, e, além de pedir desculpas, precisava ser mais humilde como ele. Ele tentou me acalmar dizendo: "Isaías, fique tranquilo. Você já está perdoado". Senti-me constrangido pela humildade e carinho do meu irmão. Disse a ele que, daquele dia em diante, me esforçaria para ser o melhor liderado e honrá-lo de todo o coração. Nas reuniões seguintes, sempre que Josias aparecia, parávamos tudo que estávamos fazendo para honrá-lo e servi-lo. Pedia a ele que compartilhasse palavras conosco e orasse por nós.

Talvez eu até tenha exagerado um pouco ao compensar o tratamento dado ao meu irmão nas primeiras visitas, mas o fato é que senti que devia honrá-lo além da conta, pois eu tinha de eliminar qualquer gota de orgulho no meu coração. Digo isto porque aquela experiência me ensinou que o pecado do orgulho nos atrapalha se não o eliminarmos desde o início e, para combatê-lo, é importante cultivar a humildade. Por isso, esteja sempre pronto para ouvir o que Deus tem para você e para o seu líder. Aprenda com a liderança e não tenha medo de pedir perdão quando necessário. O orgulho não pode ter espaço em nossos corações.

ENVOLVA-SE E CONFIE NA VISÃO DA SUA LIDERANÇA

Obedeçam aos seus líderes e submetam-se à autoridade deles. Eles cuidam de vocês como quem deve prestar contas. Obedeçam-lhes, para que o trabalho deles seja uma alegria e não um peso, pois isso não seria proveitoso para vocês. (Hebreus 13.17)

Devemos nos submeter às autoridades que Deus estabelece em nossas vidas e à visão que Ele confia a elas. Quando nos dispomos a servir alguém, também estamos nos colocando sob a sua visão. É impossível permanecer debaixo de uma liderança por muito tempo se não estivermos engajados com seus objetivos, ou seja, é necessário que criemos um vínculo psicológico, afetivo e emocional com a direção de Deus dada aos nossos líderes. Esse laço contribui para o sucesso da missão e desenvolve em nós uma postura mais cooperativa, proativa, otimista e comprometida. Com isso, temos mais motivação, disposição e criatividade para superar os desafios.

Assim, é importante termos em mente que o comprometimento com a visão dada por Deus não depende apenas dos líderes. Mesmo que caiba a estes comunicá-la a nós de forma inspiradora, também temos a nossa parcela de responsabilidade por desenvolver um senso de propriedade sobre essa visão. Para isso, o que temos de fazer é analisar se a proposta da liderança é coerente com os nossos valores e sonhos. Caso a resposta seja sim, devemos assumir o compromisso de sermos os maiores embaixadores dela. Nem sempre entenderemos o porquê de certas decisões de nossos líderes, porém devemos dar a eles o nosso voto de confiança, a não ser que provem que não o merecem.

Há uma história em minha família que ilustra muito bem o princípio da confiança. Quando eu ainda não era nascido, minha família morava em um barco, pois isso facilitava que viajassem pelo rio Amazonas para visitarem as igrejas implantadas nas regiões ribeirinhas. Na época, nossa família era composta por cinco pessoas: meu pai, minha mãe, meu irmão Josias e minhas duas irmãs, Sarah e Esther. Certo dia, enquanto eles navegavam pelo rio Tapajós, a Esther caiu na água sem que ninguém percebesse. Ela tinha apenas 7 anos de idade e não conseguia nadar, só conseguia boiar e flutuar de costas. Minha irmã gritou por socorro, mas ninguém podia escutar por conta do barulho do motor. A embarcação foi embora e só se deram conta de que ela não estava mais lá depois de quase uma hora. Sem saber onde Esther estava, minha mãe ficou apavorada e deduziu que ela tinha caído no rio.

Meus pais navegaram pelo rio à procura de Esther por horas, sem encontrar sequer um sinal de onde ela poderia estar. Eles tentaram refazer todo o caminho percorrido, porém não encontraram nada. Àquele ponto, já estavam chorando e aceitando a possibilidade de que a menina estivesse morta.

Em uma última tentativa, movido por uma impressão no espírito, meu pai decidiu seguir com o barco por uma direção muito distante de onde se acreditava que minha irmã tivesse se perdido. Minha mãe dizia que era contra a aquela ideia, porque achava que não daria em nada, mas ela decidiu confiar no meu pai porque ele era o líder da nossa família. Então minha mãe começou a dar suporte a ele também através de muita oração. Cinco minutos depois que ela começou a orar, uma onda se levantou em frente ao barco e desceu revelando duas mãozinhas balançando. Era Esther. Ela estava viva e intacta.

Em poucos minutos, meu pai lançou uma boia para poder socorrer minha irmã e puxá-la para dentro do barco, sã e salva. Esse foi um dos maiores milagres que já vivemos como família e uma poderosa lição sobre a parceria e a confiança que existiam entre meus pais. Mesmo sem concordar plenamente com a decisão, em vez de rejeitar o plano, minha mãe decidiu confiar na visão do meu pai e dar todo o suporte necessário.

Assim como minha mãe, busque compreender a visão da sua liderança e confie nela, faça dela a sua própria. Sonhe junto com o seu líder e esteja disponível para servir no que for preciso. Vocês colherão os frutos de tudo o que semearem juntos. Até hoje, eu recebo os resultados do tempo e trabalho que semeei na visão do meu pai.

SEJA GRATO PELA SUA LIDERANÇA

Quando o SENHOR trouxe do cativeiro os que voltaram a Sião, estávamos como os que sonham. Então a nossa boca se encheu de riso e a nossa língua de cântico; então se dizia entre os gentios: Grandes coisas fez o Senhor a estes. Grandes coisas fez o Senhor por nós, pelas quais estamos alegres. (Salmos 126.1-3 – ACF)

Por fim, o último passo para desenvolvermos um coração de servo é sermos gratos pela nossa liderança. A gratidão nos mantém alegres e em chamas para trabalhar pelos propósitos que Deus tem para os nossos líderes e para nós. Ela evita que venhamos a desvalorizar ou menosprezar o privilégio de estarmos debaixo de uma cobertura espiritual ou de um discipulado. Existem tantas pessoas que não têm a chance de serem cuidadas e acompanhadas por outras mais maduras, sábias e que acreditam no chamado que Deus tem para suas vidas. Se temos o privilégio de sermos liderados, devemos exercer gratidão diante de Deus e dos homens. Agradecer ao Senhor pelos nossos líderes e meditar sobre o impacto que eles causam em nós nos ajuda a permanecer humildes e alegres, principalmente nos momentos de confrontos, tribulações e dificuldades. Ao trazermos à memória aquilo pelo que somos gratos, reconhecemos a soberania de Deus e somos renovados, como descrito no salmo 126, citado acima.

Outro aspecto muito interessante da gratidão é que ela também prepara o nosso coração para experimentarmos novas manifestações do poder de Deus.

> Algum tempo depois Jesus partiu para a outra margem do mar da Galileia (ou seja, do mar de Tiberíades), e grande multidão continuava a segui-lo, porque vira os sinais miraculosos que ele tinha realizado nos doentes. Então Jesus subiu ao monte e sentou-se com os seus discípulos. Estava próxima a festa judaica da Páscoa. Levantando os olhos e vendo uma grande multidão que se aproximava, Jesus disse a Filipe: "Onde compraremos pão para esse povo comer?" Fez essa pergunta apenas para pô-lo à prova, pois já tinha em mente o que ia fazer. Filipe lhe respondeu: "Duzentos denários não comprariam pão suficiente para que cada um recebesse um pedaço!" Outro discípulo, André, irmão de Simão Pedro, tomou a palavra: "Aqui está um rapaz com cinco pães de cevada e dois peixinhos, mas o que é isto para tanta gente?" Disse Jesus: "Mandem o povo assentar-se". Havia muita grama naquele lugar, e todos se assentaram. Eram cerca de cinco mil homens. Então Jesus tomou os pães, **deu graças** e os repartiu entre os que estavam assentados, tanto quanto queriam; e fez o mesmo com os peixes. Depois que todos receberam o suficiente para comer, disse aos seus discípulos: "Ajuntem os pedaços que sobraram. Que nada seja desperdiçado". (João 6.1-12 – grifo do autor)

Nesta passagem, vemos que antes de realizar o milagre da multiplicação dos pães e peixes, Jesus foi intencional em agradecer ao Pai por aquilo que já havia recebido. Ele mostrou que o Seu coração estava grato e confiante de que o Senhor multiplicaria o que já tinha em mãos. Sabia que, ao se revelar agradecido pelo pouco, Deus poderia lhe confiar o muito. A gratidão comunica zelo e amor pelo que nos é dado. Muitas vezes, nós não conseguimos desfrutar do mover de Deus em nossas vidas porque ainda não demonstramos um coração grato. Pedimos a Ele e aos nossos líderes por oportunidades e recursos, sem antes mostramos reconhecimento por aquilo que nos foi confiado. Porém, o coração inclinado à gratidão é a garantia de que não seremos corrompidos por uma bênção ou uma promoção.

Portanto, é com gratidão que nos manteremos conscientes de que tudo vem do Senhor e é para glória d'Ele. Quando revelamos um coração grato por tudo o que temos, inclusive o que parece ser pouco, Deus nos coloca sobre o muito. Em tudo devemos dar graças, principalmente pelos nossos líderes e liderados. Inclua a gratidão em sua rotina e você terá experiências sobrenaturais que transformarão a sua vida. Digo isso com a autoridade de quem já teve um encontro com Espírito Santo durante um momento de agradecimento pela minha liderança.

Certa noite, quando estava prestes a me deitar para dormir, senti uma grande vontade de orar pelos meus líderes. Ao dobrar meus joelhos e interceder, comecei a sentir muita gratidão em meu coração. Era como seu eu tivesse tido uma epifania e descoberto que eu era uma das pessoas mais privilegiadas do mundo por ter os líderes que eu tinha e fazer parte do conselho da nossa igreja. A gratidão era tamanha que transbordava pelos meus olhos em forma de lágrimas. Quanto mais eu orava agradecendo ao Senhor pela vida do pastor Abe Huber, meu mentor, e pela equipe de pastores da Paz Church daquela época, mais eu sentia vontade de me prostrar diante de Deus em gratidão e apenas chorar. Eu podia perceber a presença do Espírito no meu quarto e em volta de mim. Ao me mostrar grato pelo que eu tinha, sentia-me envolvido pelo amor de Deus Pai.

Depois de um tempo, quando não conseguia fazer mais nada a não ser chorar, fui tomado por uma alegria sobrenatural. Minha boca se encheu de riso e comecei a soluçar e gargalhar de alegria ao mesmo tempo. Tanta foi a emoção, que eu tive de colocar o travesseiro no meu rosto para eu não acordar minha esposa Nicole. Passei a noite toda acordado orando e revisitando aquela experiência que marcou a minha memória e o meu coração.

Portanto, incentivo você a cultivar um coração de escudeiro fiel e a honrar a sua liderança. Ao fazer isso, você testemunhará Deus transformando você em um líder que tem como chão o teto dos seus líderes, ou seja, ao ser grato e fiel a tudo o que eles construíram, você tomará isso como base para ir muito além, continuando um legado. Então, poderá ver e ir mais longe do que imagina, porque estará olhando o futuro com a perspectiva de alguém que está assentado sobre os ombros de gigantes.

Hoje, eu desafio você a buscar uma liderança saudável e a confiar no caminho de crescimento que ela trará para a sua vida. Você se surpreenderá com o lugar onde Deus o levará!

O FOGO DOS TREZENTOS

CAPÍTULO 8

O fogo é um dos símbolos primordiais do cristianismo, sendo frequentemente utilizado na Bíblia para representar a natureza de Deus. O Senhor é comparado ao fogo não apenas para ilustrar Sua santidade, mas também o potencial destrutivo do Seu poder e a intensidade do Seu amor por nós.

> Pois o Senhor, o seu Deus, é Deus zeloso; é fogo consumidor. (Deuteronômio 4.24)

O pacto abraâmico (Gênesis 15.17), a sarça ardente que apareceu a Moisés (Êxodo 3.2), a coluna de fogo para conduzir os filhos de Israel à terra prometida (Êxodo 13.21-22), a manifestação da presença do Senhor no Monte Sinai (Êxodo 24.17) e a descida do Espírito Santo no dia de Pentecostes (Atos 2.3), evidenciada pelo aparecimento de "línguas de fogo" sobre a cabeça dos discípulos, são apenas algumas das inúmeras ilustrações da relação que existe entre Deus e o fogo.

Devido à grande capacidade de destruição, esse elemento da natureza também é usado para simbolizar o julgamento e a vitória absoluta de Deus sobre os inimigos do Seu povo. A Bíblia nos mostra que o fogo de Deus, no Antigo Testamento, não se limitava a uma metáfora para a ira do Senhor contra aqueles que ameaçavam a integridade de quem Ele ama. As chamas eram, literalmente, um veículo da mão de Deus contra todos que buscavam matar, roubar ou destruir as vidas de Seus filhos. Um exemplo disso é quando o rei Acazias, de Israel, mandou soldados contra Elias. O profeta o repreendera por enviar mensageiros para consultar o falso deus Baal, então o rei enviou, por duas vezes, oficiais com 50 soldados para procurar Elias. Quando cada uma das comitivas encontrou o profeta do Senhor, o fogo do céu desceu e incendiou os soldados (2 Reis 1.10-13).

Além desses episódios que mostravam os inimigos dos homens de Deus sendo consumidos fisicamente pelo fogo, de Gênesis a Apocalipse, podemos ver que esse elemento incendiário é um sinal de amor e cuidado para quem é do Senhor. No entanto, para aqueles que amam a maldade e o pecado, trata-se de um presságio de terror e morte. Uma das histórias bíblicas que melhor ilustra essa verdade é a da vitória de Gideão contra os soldados de Midiã. Nessa batalha, o Senhor fez com que trezentos israelitas derrotassem um exército de mais de 135 mil midianitas, sem sequer usarem armas. Tudo que eles fizeram foi confiar na palavra de que Deus estava com eles, mostrar o fogo de suas tochas e tocar suas trombetas anunciando a vitória do Senhor. Quando o exército inimigo se deu conta de que Gideão e seus homens se aproximavam com fogo, eles se intimidaram, e o Senhor fez com que os soldados midianitas se voltassem uns contra os outros.

> Empunhando as tochas com a mão esquerda e as trombetas com a direita, gritaram: "À espada, pelo Senhor e por Gideão!" Cada homem mantinha a sua posição em torno do acampamento, e todos os midianitas fugiam correndo e gritando. Quando as trezentas trombetas soaram, o Senhor fez que em todo o acampamento os homens se voltassem uns contra os outros com as suas espadas. (Juízes 7.20b-22a)

Os trezentos de Gideão apenas mostraram o seu fogo e os inimigos começaram se destruir sozinhos porque sabiam que Deus era com Israel. Essa é uma história épica em que Deus usou um exército minúsculo para mostrar que Ele sempre será mais do que suficiente para acabar com qualquer guerra. Maior é aquele que tem o Senhor como seu general do que todas as forças deste mundo, porque Ele é o Senhor dos Exércitos (Salmos 46.7). Aqueles que vivem e lutam debaixo da sua liderança, seguindo o propósito designado por Ele, jamais serão derrotados, ainda que se considerem mais fracos.

O exército de Gideão era o menor de todos, e seu líder possuía um histórico de se sentir inferior às outras pessoas (Juízes 6.15). Nada nesse homem e em sua comitiva inspirava grandeza e força aos inimigos. Isso já pode ser visto mesmo antes de Gideão reunir seu exército para ser um grande herói do povo de Israel e um juiz para a nação: ele era apenas um homem medroso, que vivia debaixo da opressão que o povo de Midiã exercia sobre sua nação.

Durante sete anos, o Senhor havia entregado a nação de Israel para os midianitas. Sempre que chegava o tempo de os israelitas colherem o fruto de suas plantações, o exército midianita invadia suas terras como enxames de gafanhotos para matá-los, destruir suas plantações e roubar o seu gado e toda sorte de alimentos. Eles agiam como terroristas por toda Israel. Por causa disso, a população vivia pobre e amedrontada. Seu estilo de vida era baseado na sobrevivência em meio ao terror. Os israelitas já estavam tão entregues à situação que faziam esconderijos nos montes e cavernas para viverem (Juízes 6.2). Israel já estava em seu limite de aguentar tudo que a dominação de Midiã lhe causava. Então, quando o povo clamou por socorro ao Senhor, Deus lhes enviou um profeta para revelar o porquê de Ele permitir que tudo aquilo estivesse acontecendo.

Quando os israelitas clamaram ao Senhor por causa de Midiã, ele lhes enviou um profeta, que disse: "Assim diz o Senhor, o Deus de Israel: 'Tirei vocês do Egito, da terra da escravidão. Eu os livrei do poder do Egito e das mãos de todos os seus opressores. Expulsei-os e dei a vocês a terra deles. E também disse a vocês: Eu sou o Senhor, o seu Deus; não adorem os deuses dos amorreus, em cuja terra vivem, mas vocês não me deram ouvidos'". (Juízes 6.7-10)

Para que o Senhor pudesse livrar Israel da opressão dos midianitas, primeiro Ele necessitava que eles se arrependessem do estilo de vida de idolatria. Israel precisava deixar de adorar deuses falsos e voltar seu coração ao Deus verdadeiro. Então, depois de enviar Seu profeta para alertar o povo, Deus apareceu como um anjo para um homem que levaria o povo a lembrar-se de Deus e lideraria a guerra contra o terror de Midiã: Gideão.

Então o Anjo do Senhor veio e sentou-se sob a grande árvore de Ofra, que pertencia ao abiezrita Joás. Gideão, filho de Joás, estava malhando o trigo num tanque de prensar uvas, para escondê-lo dos midianitas. Então o anjo do Senhor apareceu a Gideão e lhe disse: "O Senhor está com você, poderoso guerreiro". "Ah, Senhor", Gideão respondeu, "se o Senhor está conosco, por que aconteceu tudo isso? Onde estão todas as suas maravilhas que os nossos pais nos contam quando dizem: 'Não foi o Senhor que nos tirou do Egito?' Mas agora o Senhor nos abandonou e nos entregou nas mãos de Midiã". O Senhor se voltou para ele e disse: "Com a força que você tem, vá libertar Israel das mãos de Midiã. Não sou eu quem o está enviando?" "Ah, Senhor", respondeu Gideão, "como posso libertar Israel? Meu clã é o menos importante de Manassés, e eu sou o menor da minha família". "Eu estarei com você", respondeu o Senhor, "e você derrotará todos os midianitas como se fossem um só homem". (Juízes 6.11-16)

Quando Deus encontrou Gideão, ele estava tentando esconder seus recursos dos invasores, malhando trigo em um lagar, local onde se prensa uvas. Realizar essa atividade fora da eira, lugar em que se trabalha com cereais e legumes, exigia um esforço sobrenatural por conta da falta de adaptação do terreno e da aparelhagem. Ao malhar trigo no lagar, Gideão demonstrava que era um homem muito forte, porém medroso, pois estava fazendo o trabalho mais difícil para não ser visto pelos midianitas.

Apesar de sua força e por causa de seu medo, quando o Anjo do Senhor lhe disse que ele era o líder que iria derrotar os invasores, Gideão achou que não era a pessoa certa (Juízes 6.14-16), pois não tinha as melhores credenciais para tal. Ele era o menos importante da sua família, que pertencia ao menor clã da menor tribo de Israel. Ninguém em sã consciência gostaria de seguir um homem como ele. Contudo, Deus não dá ouvidos às desculpas e argumentos de Gideão, porque Ele não o via como o mais fraco de Israel, mas como um poderoso guerreiro.

A primeira coisa que o Senhor diz sobre Gideão quando o encontra é que ele é exatamente o oposto do que pensava. Para Deus, o menor de Israel era um guerreiro poderoso, simplesmente porque o Senhor dos Exércitos estava com ele. Ter Deus conosco é como ter o melhor jogador de um esporte em nosso time. Mesmo que não sejamos bons em tudo, sabemos que podemos ganhar, porque temos o melhor de todos ao nosso lado. Não importam as nossas limitações ou fraquezas, se Deus está conosco, Ele sempre virá para compensar o que nos falta e nos liderar até a vitória. Apesar da insegurança de Gideão sobre si mesmo, ao ouvir do próprio Deus que Ele estava ao seu lado, aos poucos, ele foi deixando o medo, acreditando e se entregando ao propósito para o qual o Senhor o chamara. Eu creio que Deus encontrou em Gideão um coração disposto a apostar tudo no que Ele dizia, e, por isso, Gideão pôde deixar de ser um covarde que se escondia no lagar para se tornar um general de Deus.

 O primeiro passo de Deus para com Gideão, para que este tivesse o caráter transformado e se tornasse o poderoso guerreiro que o Anjo do Senhor havia declarado que ele era, foi confiar-lhe a tarefa de destruir os altares idólatras de seu pai. Deus queria confirmar se Gideão tinha um coração que odiava o pecado que estava corrompendo Israel, e se teria coragem de enfrentar seu próprio pai para fazer o que era certo. O Senhor queria ver se ele não seria intimidado novamente pelo medo do que as pessoas pensariam ou fariam com ele.

Naquela mesma noite o Senhor lhe disse: "Separe o segundo novilho do rebanho de seu pai, aquele de sete anos de idade. Despedace o altar de Baal, que pertence a seu pai, e corte o poste sagrado que está ao lado do altar. Depois faça um altar para o Senhor, para o seu Deus, no topo desta elevação. Ofereça o segundo novilho em holocausto com a madeira do poste sagrado que você irá cortar". Assim Gideão chamou dez dos seus servos e fez como o Senhor lhe ordenara. Mas, com medo da sua família e dos homens da cidade, fez tudo de noite, e não durante o dia. (Juízes 6.25-27)

Gideão tinha temor dos homens, mas mesmo com medo, ele foi e fez o que o Senhor havia pedido, e assim abraçou o processo de ser transformado. Mesmo com dificuldade de se erguer e realizar a tarefa à luz do dia, diante de todos, fez o melhor que conseguiu, sem desistir do propósito de Deus. No fim, a ordem recebida foi executada: ele derrubou o altar de Baal e levantou um altar a Deus no lugar mais alto da região, para que todos pudessem ver o que havia sido feito. Quando os homens da cidade descobriram quem foi o responsável por aquilo, ficaram tão irados que tentaram forçar o pai de Gideão a entregá-lo para a execução. Porém, ele não o fez. A ousadia de seu filho e o ato radical despertaram-no e a outros membros da tribo de Manassés para uma poderosa revelação: Baal não era um deus, porque ele não era capaz de se defender.

De manhã, quando os homens da cidade se levantaram, lá estava demolido o altar de Baal, com o poste sagrado ao seu lado, cortado, e com o segundo novilho sacrificado no altar recém-construído! Perguntaram uns aos outros: "Quem fez isso?" Depois de investigar, concluíram: "Foi Gideão, filho de Joás". Os homens da cidade disseram a Joás: "Traga seu filho para fora. Ele deve morrer, pois derrubou o altar de Baal e quebrou o poste sagrado que ficava ao seu lado". Joás, porém, respondeu à multidão hostil que o cercava, "Vocês vão defender a causa de Baal? Estão tentando salvá-lo? Quem lutar por ele será morto pela manhã! Se Baal fosse realmente um deus, poderia defender-se quando derrubaram o seu altar". (Juízes 6.28-31)

Em uma única noite, o homem que se julgava o menor de Israel venceu o seu temor dos homens e trouxe arrependimento para sua casa e sua tribo. Gideão mostrou que só existe um verdadeiro Deus, e Ele é o único que Israel deveria adorar. Ele é o Deus que converte um covarde em um valente e poderoso guerreiro. Gideão decidiu confiar que o Senhor estava com ele, e isso foi transformador.

A Bíblia nos diz que, depois desse evento, o Espírito Santo se apoderou de Gideão para começar a unir Israel, convocando diferentes tribos israelitas para lutar pela liberdade da nação (Juízes 6.33-35). Então, Gideão pôde testemunhar novamente que o Senhor confiava tanto nele que não tinha receio de compartilhar do poder do seu próprio Espírito com

Gideão para unir uma nação inteira e encorajar pessoas a lutarem contra o terror inimigo. Eu creio de todo meu coração que nós podemos viver o que Gideão viveu neste momento, porque também carregamos o Espírito do Senhor em nós e a confiança de Deus para realizarmos coisas maiores do que sonhamos. Imagine nações sendo libertas do terrorismo, da idolatria, da corrupção e da escravidão moderna, porque pessoas como nós se permitiram ser cheios do Espírito Santo para liderar iniciativas do Reino de Deus em todas as esferas da sociedade!

Assim como Gideão, nós podemos libertar nações ao apresentarmos esse desejo ao Senhor e obedecermos ao que Ele nos diz. Talvez o que Ele peça para você não seja algo como derrubar altares ou ir para a guerra, como foi no caso do guerreiro de Israel que derrotou Midiã. Deus pode designar você para tarefas mais simples, mas tão poderosas quanto, como se dedicar a ser um bom filho, orando sem cessar pela sua família, honrando seus pais e manifestando o amor de Cristo no seu lar. Pode ser que Ele peça para se empenhar em ser o melhor profissional que você possa ser, trabalhando e estudando com excelência, para que Ele posicione você em lugares de influência e, assim, levar o Reino de Deus à sua área de atuação. Quem sabe, Ele te envie para fazer algo ousado, como dedicar um período da sua vida para missões. Ou pode acontecer de Ele pedir a você para se comprometer financeiramente com uma causa, ministério ou projeto. Seja qual for o propósito que Deus tem para você, siga o exemplo de Gideão e faça, confiando que o Senhor é com você em tudo que Ele pedir. Você verá a fidelidade de Deus até mesmo quando achar que está em desvantagem.

Quando Gideão foi lutar contra os midianitas, ele percebeu que apesar de ter conseguido unir muitos israelitas, eles ainda estavam em grande desvantagem numérica na batalha que estava por vir: 135 mil inimigos contra 32 mil israelitas. Cada soldado de Gideão teria de matar ao menos quatro midianitas para derrotar o inimigo, isso se nenhum soldado de Israel fosse perdido. Seria uma batalha difícil, mas ainda dentro do que Gideão acreditava ser possível, dentro de sua zona de conforto. Mas apesar de ele precisar colocar sua fé no Senhor com 32 mil soldados, o que Deus queria era que não restasse nenhuma garantia ao povo de Israel da força de seu próprio braço. Então pediu a Gideão que diminuísse a quantidade de soldados no seu exército, porque ainda era grande demais para essa batalha. O que Deus queria deixar bem claro era que se eles vencessem, não seria por força nem violência, mas pelo Espírito do Senhor dos Exércitos.

E o Senhor disse a Gideão: "Você tem gente demais, para eu entregar Midiã nas suas mãos. A fim de que Israel não se orgulhe contra mim, dizendo que a sua própria força o libertou, anuncie, pois, ao povo que todo aquele que estiver

tremendo de medo poderá ir embora do monte Gileade".
Então vinte e dois mil homens partiram, e ficaram apenas dez mil. (Juízes 7.2-3)

Depois de todo o trabalho que Gideão teve para reunir 32 mil homens, ele precisou abrir mão de 69% do seu exército, porque Deus não queria que ele levasse homens orgulhos e medrosos para lutar pelo Seu povo. Deus desejava que Israel visse que a vitória viria pela mão do Senhor, e não pela força dos homens. Aqui, a humildade, a liderança e a fé de Gideão foram colocadas à prova de forma radical. Novamente, ele teve de renovar sua mente e não olhar para o que estava faltando, mas para quem estava com ele: o Senhor dos Exércitos. Ele tinha de obedecer e confiar que o Senhor estava no controle e que Ele os defenderia mesmo que fossem para a batalha em uma desvantagem maior ainda.

Se pensarmos de maneira racional, a decisão de Gideão poderia despertar medo nos outros 31% que sobraram. Eles poderiam pensar algo como: "Gideão ficou doido. Nós já estávamos em desvantagem, agora seremos massacrados em batalha". Mas isso não aconteceu, provando que os 10 mil que ficaram tinham confiança em Deus e em seu líder, e estavam alinhados aos propósitos de Deus. Tudo estava sob o controle do Senhor, e "a loucura de Deus é mais sábia do que os homens" (1 Coríntios 1.25 – ACF). Acredito que o Senhor arquitetou essa situação não só para reduzir o orgulho de Israel e aumentar sua fé, mas também para que Gideão fosse para a guerra somente com soldados que realmente confiavam nele e em Deus. Esse pedido de Deus foi mais do que um teste, foi um cuidado de Pai para garantir que Gideão não fosse traído por seus homens.

Mesmo com dúvidas sobre o que aquilo poderia desencadear, Gideão decidiu confiar no Deus que o tinha levado até aquele momento. A essa altura, ele já sabia que era da natureza do Senhor manifestar o poder da Sua Graça na nossa fraqueza (2 Coríntios 12.9). Então, pela fé, Gideão mandou embora todos os que estavam cheios de medo. Contudo, antes mesmo que ele pudesse reajustar sua estratégia de guerra, para a surpresa de Gideão, Deus disse que ainda havia pessoas demais no exército. Seria necessário fazer mais um teste para que apenas os verdadeiros homens de fé estivessem com ele e tivessem parte na grande vitória que o Senhor havia de dar a Israel.

> Mas o Senhor tornou a dizer a Gideão: "Ainda há gente demais. Desça com eles à beira d'água, e eu separarei os que ficarão com você. Se eu disser: Este irá com você, ele irá; mas, se eu disser: Este não irá com você, ele não irá". Assim Gideão levou os homens à beira d'água, e o Senhor lhe disse: "Separe os que beberem a água lambendo-a como faz o cachorro, daqueles que se ajoelharem para beber". O número dos que lamberam a água levando-a com as mãos à boca foi de trezentos homens. Todos os demais se ajoelharam

para beber. O Senhor disse a Gideão: "Com os trezentos homens que lamberam a água livrarei vocês e entregarei os midianitas nas suas mãos. Mande para casa todos os outros homens". (Juízes 7.4-7)

Nessa passagem, aprendemos sobre como e por que Deus escolheu apenas trezentos guerreiros para libertar a nação. Essa quantidade corresponde a 1% dos 32 mil homens que Gideão havia convocado. A Bíblia diz que o teste que definiria quem seriam os libertadores de Israel se resumia em separar os guerreiros pela forma como bebiam água. Eu sempre achei esse critério muito aleatório e sem sentido para definir algo tão importante como quem deveria lutar em uma guerra. Na minha opinião, o mais coerente seria realizar um teste físico para ver quem eram os mais fortes e ágeis. Mas Deus não pensa como nós. Ele não está preocupado em verificar se nossas capacidades atendem aos requisitos básicos de uma missão, mas está interessado em testar o nosso coração. Ao dar essa estratégia para Gideão, podemos ver que o Senhor pretende deixar apenas os homens mais humildes e confiantes em Deus.

Quando os israelitas chegaram à beira d'água, a grande maioria portou-se de certa forma a não baixar sua guarda e não abrir mão de suas armas. Ao tomarem água ajoelhando-se cuidadosamente, esses homens estavam comunicando, sem perceber, que no fundo de seus corações não acreditavam que Deus estava com eles para protegê-los nem naquela hora, nem na batalha. Nenhum deles abriu mão de suas armas, porque temiam ser atacados a qualquer momento. Porém, havia um pequeno grupo de guerreiros que confiava tanto na palavra de que Deus era com Israel e com Gideão que tomaram água usando suas próprias mãos, em uma posição de completa submissão.

É possível você tomar água tranquilamente segurando algo como uma espada ou um escudo? Não. Sem perceberem, esses 300 homens estavam comunicando a Deus e a Gideão que estavam dispostos a deixar tudo de lado para descansar no Senhor. Diferentemente dos outros 9.700 homens, eles não ficaram ansiosos por coisa alguma e "curtiram" aquele momento de tomar água plenamente. Na Bíblia, a água é um dos símbolos do Espírito Santo (Isaías 44.3; João 7.38), e se aplica diretamente à doutrina da salvação. É Jesus quem fala sobre a salvação em uma metáfora do ato de beber água:

> [...] aquele, porém, que beber da água que eu lhe der nunca mais terá sede; pelo contrário, a água que eu lhe der será nele uma fonte a jorrar para a vida eterna. (João 4.14)

À vista desses exemplos, podemos perceber que o fato de uma pessoa beber água, na Bíblia, é um ato profético. Portanto, é possível traçar um paralelo entre a forma como os 300 homens de Gideão beberam água, completamente entregues, em humildade e confiantes em Deus, e a forma como devemos receber o Espírito.

Esta história mostra que a fé e a humildade do nosso coração podem ser reveladas em pequenas atitudes do nosso dia a dia. Como você tem agido diante das guerras e preocupações? Você confia no Senhor e busca descansar na presença do Espírito Santo ou tem negligenciado o seu tempo de intimidade para tentar resolver tudo na força do seu braço? Não importa qual seja a nossa agenda, nossa estratégia ou o tamanho da nossa desvantagem diante dos problemas, nós precisamos crer que Deus está conosco e que nada é mais importante que Ele. Os trezentos de Gideão nos ensinam que, muitas vezes, a coisa mais sábia que podemos fazer para estar dentro da próxima grande manifestação do poder de Deus é largar as nossas armas e buscar o refrigério do Espírito do Senhor.

Depois do teste da água, o Senhor confirmou a Gideão que lhes daria a vitória. Então, ele dividiu os trezentos homens em três companhias, pôs nas mãos de todos eles trombetas e jarros vazios, com tochas dentro. Depois disso, os instruiu a observar e fazer exatamente o que ele fizesse quando chegassem à extremidade do acampamento inimigo. Ordenou a todos os que estivessem com ele a tocar as trombetas ao redor do acampamento, e depois gritar: "Pelo Senhor e por Gideão!".

> Voltou para o acampamento de Israel e gritou: "Levantem-se! O Senhor entregou o acampamento midianita nas suas mãos". Dividiu os trezentos homens em três companhias,

pôs nas mãos de todos eles trombetas e jarros vazios, com tochas dentro. E ele lhes disse: "Observem-me. Façam o que eu fizer. Quando eu chegar à extremidade do acampamento, façam o que eu fizer. Quando eu e todos os que estiverem comigo tocarmos as nossas trombetas ao redor do acampamento, toquem as suas, e gritem: Pelo Senhor e por Gideão". (Juízes 7.15b-18)

Na cabeça de Gideão, aquela estratégia serviria para aterrorizar seus inimigos e deixá-los emocionalmente vulneráveis durante o ataque. Porém, mal sabia ele que o Senhor utilizaria aquilo para fazer muito mais do que ele imaginava. Pouco depois da meia-noite, assim que foram trocadas as sentinelas do acampamento adversário, os israelitas tocaram as suas trombetas e quebraram os seus trezentos jarros de uma só vez. Imagine só a dimensão do susto que os midianitas levaram com tamanho barulho no meio da madrugada. Creio que tenha sido um som tão estrondoso que acordou todos os 135 mil soldados do exército de Midiã. Aposto que muitos homens saltaram de suas camas aterrorizados.

Nesse momento, cada homem de Israel mantinha a sua posição em torno do acampamento. Então, ao sinal de Gideão, todos os trezentos homens aumentaram a carga de terror, empunhando as tochas e berrando a uma única voz: "À espada, pelo Senhor e por Gideão!". Os midianitas começaram a correr e gritar de pavor dentro do seu próprio acampamento. Eles se viram cercados pelo som e pelo fogo do exército de Deus. E quando as trezentas trombetas soaram, os 135 mil midianitas começaram a lutar entre si e a matarem a si mesmos (Juízes 7.20-22).

Foi assim que Gideão e seu exército libertaram o povo de Israel de sete anos de opressão sem precisar lutar. Tudo que eles fizeram foi confiar no Senhor e mostrar que carregavam o fogo de Deus! Assim como os trezentos de Gideão, nós carregamos um fogo que tem o poder de encerrar guerras, e trazer libertação e salvação para nações. Porém, refiro-me a algo que não pode ser carregado em tochas, mas àquele que está em nossos corações: o fogo do Espírito Santo.

Na Bíblia, o fogo é uma das mais recorrentes representações do poder do Espírito Santo (Atos 2.3; Êxodo 13.21). Hebreus 12.29 diz que o Senhor é "fogo consumidor". E esse fogo vem do Espírito que habita dentro de nós (1 Coríntios 3.16). Ele é a marca de qualquer pessoa que recebeu Jesus no seu coração, nos equipa para vivermos o sobrenatural, nos encoraja a confiar no Senhor e nos direciona para andarmos em sabedoria e santidade. Todos aqueles que recebem o Espírito de Deus têm dentro de si o mesmo poder que atuava na vida de Jesus para fazer sinais e maravilhas, e destruir as obras do Diabo. Toda vez que Cristo manifestava o poder para realizar milagres, Ele estava mostrando ao mundo que tinha um relacionamento com o Espírito do Senhor. E, ao fazer isso, o império das trevas recuava e o Reino de Deus avançava assim como os midianitas fugiam ao ver o fogo dos trezentos de Gideão.

Se você é alguém que deseja viver o impossível, fazer a diferença e ser aquela pessoa que traz o Reino de Deus para a Terra, precisa crer que o Senhor é contigo e que Ele colocou o Seu fogo dentro de você. Creia nisso, obedeça ao que o Espírito Santo lhe pedir e mostre ao mundo o poder que está queimando no seu coração!

CONSIDERAÇÕES FINAIS

De autor para leitor, sejamos sinceros: o último capítulo de um livro sempre nos assusta um pouco, não é mesmo? Talvez seja porque, ao longo da leitura, crescemos e nos desenvolvemos tanto, que ficamos com receio na hora de colocar o que aprendemos em prática. O que será que acontecerá quando finalmente chegar o ponto-final? Como essas reflexões, lições e testemunhos que você acabou de ler vão impactar sua vida na prática?

Eu espero que você esteja se sentindo extremamente encorajado pelas diversas histórias, testemunhos, revelações, orações e desafios que compartilhei neste livro. Porém, eu também imagino que esteja um pouco ansioso, uma vez que, em algum momento de toda essa jornada de leitura, você já deva ter começado a se perguntar: "Será que eu realmente consigo experimentar isso? Será que eu sou capaz viver colocando tudo em jogo por Jesus?". Eu digo que não há nada de errado em ter essas dúvidas. Na verdade, se você está se indagando sobre essas coisas, fico muito feliz, porque esse é o tipo de questionamento saudável que produz temor e nos aproxima do único que realmente nos ensina a viver de forma radical: Jesus Cristo.

Em Jesus, encontramos toda graça e misericórdia necessárias para vivermos a maior aventura da história. Não precisamos de mais transferências de unção, jejuns, conferências, melhores pregações, estudos inéditos ou novos louvores. Tudo isso é muito bom e nos edifica bastante, mas o que realmente vai garantir que vivamos o nosso chamado de maneira plena é a nossa revelação acerca da obra de Cristo na cruz. É a partir desse entendimento que temos acesso à nossa identidade, nosso propósito e poder.

A revelação de quem nós somos em Deus e do quanto somos amados incondicionalmente precisa estar muito bem enraizada em nosso coração, pois provavelmente o mundo vai tentar nos convencer do contrário. Se as vozes que não vêm de Deus se levantarem dizendo que ninguém é capaz de viver radicalmente para Jesus, basta voltarmos para o capítulo um deste livro e darmos uma boa olhada no relato da cruz de Cristo! Ao ficarmos bem atentos a ela, veremos o que a entrega total de Jesus tem a dizer sobre o poder que existe em nos rendermos completamente.

A compreensão do nosso valor em Cristo e do preço que foi pago pelas nossas vidas é o suficiente para nos convencer de que Ele é digno de tudo. Talvez você se sinta despreparado ou fraco para viver tudo que falamos da introdução até aqui, porém é fundamental entender que o nosso Deus não está à procura de quem acha que está pronto. Ele está em busca de pessoas dispostas a tê-lO como tudo que precisam para cumprir suas missões impossíveis aqui na Terra. Assim como o jovem Davi, que não olhou para si mesmo com a perspectiva deste mundo, mas se colocou à disposição para vencer o aterrorizante gigante Golias em uma batalha de vida ou morte pelo futuro de sua nação, confiando que Deus era tudo de que necessitava. Na minha opinião, essa é uma das mais extraordinárias histórias sobre a graça de Deus se manifestando em alguém que estava disposto a dar sua vida pelo Senhor e Seu povo.

Na época em que Saul era rei de Israel, os filisteus ajuntaram-se em Socó para uma guerra contra a nação escolhida por Deus (1 Samuel 17.1). Nessa batalha, o apavorante gigante Golias, defensor do exército filisteu, desafiou Israel a também apresentar um campeão que tivesse coragem de lutar contra ele em um combate de tudo ou nada. O resultado do embate determinaria qual exército se tornaria servo do outro. Era definitivamente uma aposta no estilo *all-in*.

Enquanto os soldados de Israel morriam de medo do gigante, um jovenzinho chamado Davi se apresentou para cumprir o desafio e salvar sua nação. Quando lemos a história de Davi e Golias na Bíblia (1 Samuel 17), parece que esse desafio não durou nem vinte e quatro horas, mas a verdade é que demorou cerca de 40 dias para que o rapaz chegasse ao cerco filisteu. Imagine só os maiores guerreiros do povo de Deus passando todo esse período em terror? No exército israelita, não havia um soldado com coragem suficiente para enfrentar Golias, com seus intimidadores quase três metros de altura, além de ser um assassino treinado e muito forte. Porém, quando Davi soube do que estava acontecendo, ficou indignado com aquela realidade. Creio que, nesse momento, o jovem pastor de ovelhas foi tomado por tamanha coragem que pensou consigo mesmo: "Se ninguém for, eu vou!".

Na época do desafio de Golias, Davi ainda era um adolescente. Agora, imagine só o escândalo dessa situação, o quão abalado precisaria estar um país para que o exército nacional aceitasse a ideia de ser representado por um menino. Você consegue visualizar isso nos dias de hoje? No entanto, atualmente existem muitos países, estados e cidades que, da mesma maneira, estão precisando de jovens radicalmente apaixonados por Deus, que se levantem para acabar com o terror da morte, violência, corrupção, fome e miséria. Davi foi a resposta para a necessidade de sua nação, assim como nós devemos ter coragem para nos erguer como filhos de Deus em favor da sociedade ao redor, mesmo não nos sentindo capazes de fazer isso.

Davi confiava tanto no Deus a quem servia que, mesmo tendo consciência de que era fisicamente menor e mais fraco, foi para a batalha apostando sua vida. Ele tinha uma fé radical a ponto de se contentar em usar somente aquilo que possuía à sua disposição – uma funda e cinco pedras lisas que havia pegado em um rio –, pois sabia que a arma não faria diferença, mas sim a força de seu Deus. Ele entendia perfeitamente o significado do nome *Jeová-Jireh* (o Deus que provê), pois confiava que a provisão de tudo que fosse necessário para conquistar a vitória viria do Senhor. A coragem de Davi não estava fundamentada em si mesmo. Prova disso é que, quando finalmente ficou frente a frente com Golias, declarou que o mataria porque o Deus de Israel o entregaria a ele. A vitória não viria pela sua força, mas pela graça do Senhor. E assim o foi.

> "Hoje mesmo o Senhor o entregará nas minhas mãos, e eu o matarei e cortarei a sua cabeça. Hoje mesmo darei os cadáveres do exército filisteu às aves do céu e aos animais selvagens, e toda a terra saberá que há Deus em Israel. Todos que estão aqui saberão que não é por espada ou por lança que o Senhor concede vitória; pois a batalha é do Senhor, e ele entregará todos vocês em nossas mãos". Quando o filisteu começou a vir na direção de Davi, este correu depressa na direção da linha de batalha para enfrentá-lo. Retirando uma pedra de seu alforje ele a arremessou com a atiradeira e atingiu o filisteu na testa, de tal modo que ela ficou encravada, e ele caiu com o rosto no chão. Assim Davi venceu o filisteu com uma atiradeira e uma pedra; sem espada na mão ele derrubou o filisteu e o matou. (1 Samuel 17.46-50)

O Senhor não fez Davi ficar mais alto, mais musculoso e mais habilidoso para usar uma espada ou uma lança, mas usou o rapaz da forma como ele era e o que tinha em mãos para destruir o inimigo. Muitas vezes, seremos tentados a achar que não temos o necessário para superar nossos desafios e cumprir a vontade de Deus, porém esta e tantas outras histórias da Bíblia nos mostram que não precisamos nos preocupar com isso. Tudo que Deus quer de nós é um coração apaixonado e rendido. Ele não nos pede por muito, apenas por tudo, e esse "tudo" pode ser de qualquer tamanho. O que importa é a nossa entrega.

Quando você colocar tudo o que tem à disposição de Deus, o Senhor não apenas lhe dará a vitória, mas também transformará a sua conquista em testemunho para as pessoas ao redor, assim como fez com Davi:

> Davi correu e se pôs de pé sobre ele; e desembainhando a espada do filisteu acabou de matá-lo, cortando-lhe a cabeça com ela. Quando os filisteus viram que seu guerreiro estava morto, recuaram e fugiram. Então os homens de Israel e de Judá deram o grito de guerra e perseguiram os filisteus até a entrada de Gate, e até as portas de Ecrom. Cadáveres de filisteus ficaram espalhados ao longo da estrada de Saaraim até Gate e Ecrom. Quando os israelitas voltaram da perseguição aos filisteus, levaram tudo o que havia no acampamento deles. Davi pegou a cabeça do filisteu, levou-a para Jerusalém e guardou as armas do filisteu em sua própria tenda. (1 Samuel 17.51-54)

Nessa parte da história, vemos que o Senhor não somente fez com que Davi vencesse o gigante, mas o inspirou a ir muito além para libertar o povo de Israel. Logo após acertar Golias, o jovem corajoso pegou a arma do inimigo e cortou sua cabeça, expondo-a diante de todos. Essa cena violenta foi algo tão poderoso e aterrorizante que, ao testemunhá-la, os filisteus foram tomados por medo e bateram em retirada, enquanto que os israelitas foram cheios de fé e coragem para vencer a guerra! Pare para pensar o quão forte é isso. A imagem de um adolescente segurando a cabeça de um inimigo que julgava ser invencível teve o poder de fazer uma nação inteira se arrepender de lutar contra os escolhidos do Senhor, ao mesmo tempo em que despertou o povo de Deus para viver seu chamado.

No fim dessa história, o ponto que mais me chama atenção é que, por mais grotesca que fosse a imagem de Davi andado por aí com uma cabeça de gigante nas mãos, o rapaz não teve medo de mostrar o seu testemunho. De acordo com a lei judaica, se alguém tocasse em um cadáver, essa pessoa não poderia entrar na cidade. Mas esse jovem pastor não estava preocupado com o que as pessoas pensariam dele. Davi arrastou a cabeça de Golias por 14 milhas – aproximadamente 22 km – de volta para sua cidade, para que pudesse levantar seu prêmio e dizer: "OLHA SÓ O QUE O MEU DEUS FEZ POR MIM!". Ele não mascarou suas fraquezas ou escondeu o lado feio da história, uma vez que a incapacidade de Davi formava o contraste perfeito com o poder absoluto de Deus, para fazer com que Ele se tornasse o foco de toda a vitória.

A Bíblia diz, em 1 Samuel 17.57-58, que logo que Davi voltou, depois de ter matado Golias, o comandante do exército o levou perante o rei Saul, porque este queria saber de onde havia surgido aquele jovem. Mesmo na presença do rei, Davi ainda segurava a cabeça ensanguentada do seu adversário, sem sentir medo ou vergonha.

A coragem de Davi havia despertado a curiosidade de Saul. Quando o menino chegou diante do rei, este o fez uma única pergunta: "De quem você é filho, meu jovem?" (1 Samuel 17.58). Gostaria de destacar que o questionamento do rei não foi sobre quais estratégias Davi havia usado para vencer o gigante ou onde ele aprendera a lutar. O que interessava a Saul era: "De quem você é filho?". Naquela época, a identidade do pai era a informação mais relevante a respeito de alguém. Nada era mais importante que isso, pois a cultura, visão de mundo, caráter e tudo o que faz de uma pessoa quem ela é vinha do que aprendia com seu pai.

Apesar de os tempos terem mudado e muitos de nós acharmos que "quem somos" é a mesma coisa que "o que fazemos ou temos", identidade vai muito além disso. Eu ainda acredito que a revelação da nossa paternidade é o que há de mais fundamental sobre cada um, pois tudo o que somos vem do que Deus diz a respeito de nós. Nada do que possamos realizar ou conquistar neste mundo é tão importante quanto o fato de sermos filhos de Deus. Essa é a nossa identidade.

Portanto, seja diante de gigantes, do povo ou de reis, eu oro para que você tenha um coração como o de Davi e uma mente como a de Cristo, para que seja bem clara a resposta para essa pergunta: "Quem é o seu Pai?". A certeza de que somos filhos de Deus é a prova de que Cristo é nosso Senhor e estamos dispostos a colocar tudo em jogo por Ele e Seu Reino. Jamais se esqueça: NÓS SOMOS OS FILHOS DO DEUS VIVO! Esta é a garantia de que a nossa vitória sobre o pecado, o Diabo e a morte é inevitável. Esta é a prerrogativa de que precisamos para realizar o nosso *all-in*.